ANNE LÖWEN

Beautiful Mama

Wie du dich und deinen Körper
nach Schwangerschaft, Geburt und Stillzeit
mit Gottes Augen sehen kannst

Die Bibelzitate sind unterschiedlichen Übersetzungen entnommen und wie folgt gekennzeichnet:

www.brunnen-verlag.de
Projektentwicklung: Konstanze von der Pahlen
Lektorat: Carolin Kotthaus
Umschlagfoto: AdobeStock
Gestaltung und Satz: Daniela Sprenger
Druck: Finidr, Tschechien
ISBN: 978-3-7655-2185-0
ISBN E-Book: 978-3-7655-7864-9

Inhalt

FÜR MEINE TÖCHTER

Lilija & Safira

Weil ihr die WUNDERschönsten Mädchen seid,
ganz WUNDERvoll von unserem
liebenden Gott geschaffen.

So schön, meine Liebe, dass wir durch dieses Buch zusammen Zeit verbringen können. Ich freue mich riesig darüber. Gerne erzähle ich am Anfang jeden Buches, dass ich mir am liebsten vorstelle, dass du gemeinsam mit mir, eingekuschelt in eine Decke, auf unserem Sofa sitzt und an deinem Cappuccino schlürfst, während wir uns unterhalten.

(Falls du das Buch gerade im Sommer in den Händen hältst: Stell dir einfach vor, wir sitzen zusammen auf unserer Gartenterrasse zwischen meinen geliebten Kletterrosen und nippen an einem Eiskaffee ...)

Ich liebe die Vertrautheit, die dadurch in unserem Gespräch entsteht, und wie wir zusammen lachen und auch weinen können.

Ich wünsche mir von Herzen, dass auch du dieses Buch wie wohltuende Freundinnenzeit erleben kannst. Setz dich hin, komm erst einmal an und mach es dir gemütlich.

Ich freu mich auf dich.

Danke, dass du dir die Zeit dafür nimmst.

Von Herzen deine

Anne

Einleitung

DU BIST WUNDERSCHÖN, MAMA!

Liebe verändert alles

„Du bist die allerschönste Frau auf der ganzen Welt!“, posaunt meine Tochter laut durch den Raum und sieht mich dabei voller Stolz und Begeisterung an. Ihr fröhliches Lächeln erfüllt das ganze Zimmer – nur an mir prallt es irgendwie ab …

Ich weiß nicht, ob ich auch so voller Überzeugung lächeln kann. Ich? Die allerschönste Frau auf der ganzen Welt? Nie im Leben.

Ich schaue mit kritischem Blick an mir herunter ... Sieht sie meine Mängel etwa nicht? Wie kann sie nur zu diesem Schluss kommen?

Mein Blick fällt auf meine kleinen Speckpölsterchen. Der Knopf an der Jeans drückt ehrlich gesagt schon ein wenig. Sieht sie die Spannung des Stoffes nicht?

Ich sehe weiter nach unten auf meine Beine, an denen leider mehr Cellulite klebt, als mir lieb ist (gut, dass das durch die Jeans wenigstens nicht zu sehen ist). Ich schaue wieder in ihre strahlenden Kinderaugen und frage mich, was mit meiner großen Nase oder der hohen Stirn ist.

Wie kann sie das alles übersehen? Wie kann sie übersehen, dass ich nicht perfekt bin? Wie kann sie übersehen, dass ich so vieles nicht bin, das ich mir doch eigentlich für mein Äußeres wünsche?

Doch während ich noch in meinen Selbstzweifeln stecke, werde ich plötzlich durch die Wahrheit überrascht, die mir wie eine Glühbirne im Dunkeln aufgeht: Es ist Liebe!

Wie konnte ich das nur so lange nicht verstehen? Wie konnte ich so eine entscheidende Wahrheit nur so lange nicht erkennen?

Die strahlenden Kinderaugen meiner Tochter, die vor Liebe zu mir nur so überzusprudeln scheinen, verraten es mir: Liebe macht alles schön. Liebe deckt all das zu, was in meinen eigenen kritischen Augen oft so wenig schön erscheint. Dieses kleine Mädchen liebt mich von ganzem Herzen. Und genau deshalb sieht sie das nicht, was ich sehe. Durch ihre Liebe sieht sie Schönheit, wo ich Makel sehe. Durch ihre Liebe ist sie begeistert von mir, wo ich so oft frustriert bin. Liebe verändert alles.

Weißt du, dass dein Schöpfer dich ebenfalls mit solch einer unendlichen Liebe ansieht? Dass er begeistert ist von dir und der Art und Weise, wie er dich geschaffen hat?

Du bist ein Meisterwerk! Kunstvoll erdacht und mit Liebe zum Detail gestaltet.

Du bist in seinem Bild gemacht. Und nichts kann dir dieses

Wunder der Ebenbildlichkeit und Schönheit nehmen. Auch nicht die Veränderungen, die das Mama-Sein so mit sich bringen.

Und wenn du doch mal depri darüber bist? Dann hat auch das seinen Raum ...

Du darfst traurig sein

Entgeistert sehe ich auf die Waage, die in einem kleinen Nebenraum meiner Frauenarztpraxis steht. Ich glaub, ich hab mich verguckt. Habe ich wirklich den nächsten Zehner geknackt? Das kann doch unmöglich sein!

Ich spüre, wie sich in Sekundenschnelle ein dicker Kloß in meinem Hals bildet und meine Emotionen in den Keller sinken. So viel habe ich noch nie in meinem Leben gewogen.

Ja – ich trage gerade ein Baby in meinem Bauch, aber dennoch fühle ich mich dabei alles andere als wohl. Hoffentlich werde ich den ganzen Speck nach der Geburt wieder los.

Das ist ja das, was mir so oft locker-flockig gesagt wurde: „Beim Stillen wirst du die ganzen Pfunde wieder purzeln sehen. Mach dir jetzt keinen Kopf." Hoffentlich haben sie recht. Ändern kann ich das Ganze grad sowieso nicht wirklich. Mein Körper spielt zurzeit sein eigenes Programm ab und ich darf mitspielen, ohne wirklich relevant ins Drehbuch eingreifen zu können. Zumindest fühle ich mich gerade so.

Kennst du dieses Gefühl auch? Dein Körper verändert sich in der Schwangerschaft immer mehr und mehr und glücklich bist du über diese Veränderungen gar nicht?

Klar, das neue Leben in dir lässt dein Herz wahrscheinlich vor Freude hüpfen – wobei ... auch da ist die Freude nicht immer so auf Knopfdruck da. Aber die Rundungen, die immer deutlicher werden, und das Gewicht, das immer stärker in die Höhe schnellt, können herausfordernd für unsere Mama-Psyche sein.

Hast du dir auch so sehr gewünscht, dass sich nach der Geburt alles wieder wie vorher anfühlt, aber das Ergebnis ist so ganz anders als erhofft?

Bei mir war es leider so. Die Stillzeit engagierte sich fröhlich mit in dem Programm meines Körpers, das sich zur Aufgabe gesetzt hatte, möglichst viel Speck in möglichst kurzer Zeit anzusetzen. Anstatt Pfunde zu verlieren, setzte ich in der Stillzeit noch mehr an.

Ganz, ganz großes Kino. Genauso hatte ich mir das vorgestellt.

Seit meiner Teeniezeit war ich immer recht dünn gewesen. Jetzt war von meinem damaligen schmalen Erscheinungsbild nicht mehr viel übrig. Ich war so frustriert und heulte meiner alten Figur hinterher.

Irgendwie fühlte sich mein Körper nicht mehr so an wie vorher und ich mochte mich nicht mehr. Dann noch die fleckigen Shirts, weil das Baby Bäuerchen gemacht hat, dicke Augenringe, weil ich einfach so übermüdet war ...

Liebe Mit-Mami, vielleicht kannst auch du dich in diesen Worten wiederfinden. Vielleicht trauerst auch du deinem alten Körper hinterher. Dem, den du hattest, bevor du dein erstes Kind zur Welt gebracht hast. Ich fühle so mit dir!

Es ist überhaupt nicht leicht, wenn man plötzlich vor dem Spiegel steht und seinen eigenen Körper nicht wiedererkennt. Vielleicht sind es bei dir nicht die Rundungen, die sich auf einmal überall ihren Weg bahnen, sodass du nicht mehr in deine Vorschwangerschafts-Jeans passt. Vielleicht sind es bei dir die Brüste, die nach dem Stillen nicht mehr gleich groß, aber dafür ausgeleiert sind. Vielleicht sind es bei dir auch die Schwangerschaftsstreifen, die deinen Bauch (und wohlmöglich auch noch den Po und die Brüste) übersäen. Vielleicht leidest du unter einem nun schwachen Beckenbodenmuskel oder etwas ganz anderem.

Was es auch ist: Ich glaube, es gibt nur wenige Mamas, die nach Schwangerschaft, Geburt und Stillzeit nicht in irgendeiner

Form traurig über die körperlichen Veränderungen sind. Irgendwie geht das Kinderkriegen einfach nicht spurlos an dem Körper einer Frau vorbei.

Und weißt du was? Es ist völlig okay, wenn du jetzt erst mal traurig bist.

Diese Trauer darf sein. Schließlich sind Schönheit und der eigene Körper ein hohes Gut und Teil unserer Identität. Es tut einfach weh, wenn Veränderungen passieren, die uns nicht gefallen. Das ist ganz normal.

Es ist total verständlich, dass eine Mama um ihren „verlorenen" Körper trauert, um ihre straffe Haut, einen flachen Bauch, gleichmäßig große Brüste, dicke lange Kopfhaare und auch um die Zeit, die man vorher hatte, um diesen Körper zu pflegen.

Trauer gehört zu einem Heilungsprozess dazu und hat ihren Platz. Du musst dich nicht sofort zu irgendwelchen Lösungen zwingen. Erlaube dir den Raum für dein Trauern und lass auch Tränen zu, die geweint werden möchten. Wir haben unseren gewohnten Körper verloren und müssen nun mit der Realität fertig werden, dass wir nicht mehr so sind, wie wir einmal waren.

Nimm dir für diese Trauerphase Zeit.

Vielleicht hilft es dir, deine Gedanken einfach mal aufzuschreiben. Formuliere sie doch zum Beispiel in einem Gebet, wenn du magst. Schreibe deine Trauer, deinen Frust oder deine Wut über diese Veränderungen auf und breite sie vor Gott aus. Erzähle ihm, wie traurig du darüber bist, deinen alten Körper verloren zu haben. Er hat ein offenes Ohr für dich und versteht deinen Kummer besser als jeder andere.

Warum gerade er dich so gut versteht? Lass uns einmal näher darüber nachdenken …

Wie sieht Jesus dich als Mama?

Ich glaube, dass Jesus uns Mamas sehr gut verstehen kann – auch wenn er selbst ein Mann war und kein Kind geboren hat. Denn seine „Veränderung" war noch drastischer: Er verließ die Herrlichkeit bei seinem Vater (und damit seinen verherrlichten, perfekten Körper), um als Mensch auf diese Welt zu kommen, in einem menschlichen Körper mit all seinen Makeln, Unperfektheiten und Schmerzen ... Es heißt über ihn:

Er war weder stattlich noch schön. Nein, wir fanden ihn unansehnlich, er gefiel uns nicht!
Jesaja 53,2 (Hfa)

So, wie es in diesem Bibelvers scheint, gehörte Jesu menschlicher Körper wohl eher zu den durchschnittlichen. Er fiel nicht durch besondere Größe und Schönheit auf. Ganz demütig gab er sich für über dreißig Jahre mit einem Durchschnittskörper zufrieden.

Wie muss das für Jesus gewesen sein, als er tagtäglich auf dieser Erde an den Verlust seines wundervollen Körpers erinnert wurde? Ob er wohl auf seinen langen Fußmärschen plötzlich auf dem unebenen Boden mit dem Knöchel umknickte? Ob ihm nach dem Essen übel wurde, weil der Fisch, den zwei seiner Jünger zum Abendessen vorbereitet hatten, etwas zu lange in der heißen Sonne gelegen hatte? Vielleicht wurde er auch in einem eher härteren Winter von einer heftigen Grippe lahmgelegt ... Er, der Herr aller Dinge, konnte Schmerzen empfinden und wurde von der Begrenztheit seines menschlichen Körpers immer und immer wieder ausgebremst.

Wie war es wohl für ihn, wenn er zu anderen größeren Männern in einem Gespräch aufschauen musste, obwohl sich eigentlich jedes Knie vor ihm beugen und alle Augen zu ihm aufschauen sollten? Oder wenn er mit seiner menschlichen, körperlichen Kraft an sein Limit kam und einen seiner Jünger bitten musste, ihm beim Tragen zu helfen? Und das alles, obwohl er eigentlich der Sohn Gottes ist, umhüllt von perfekter Herrlichkeit und Schönheit.

Warum tat Jesus all das? Wie konnte er mit diesem Verlust umgehen?

Ich bin überzeugt: Die Antwort heißt „Liebe". Aus Liebe tat er all das. Weil es der einzige Weg war, um uns zu retten. Wir waren ihm wertvoll genug, um all das aufzugeben, was er vorher hatte, und für eine Zeit auf der Erde mit diesem Verlust zu leben. Und nicht nur das: Er war sogar bereit, für uns zu sterben!

Jesus hat seinen eigenen Körper hergegeben, um uns zu retten. Sein Körper wurde misshandelt und bis aufs Schlimmste verunstaltet – bis in den Tod. Weil wir es ihm wert waren.

Solch ein Opfer – natürlich in weitaus kleinem Ausmaß, aber für uns dennoch bedeutsam – erinnert mich ans Kinderkriegen. Eigentlich wissen wir ja schon vorher, dass eine Schwangerschaft etwas mit unserem Körper machen wird, was uns höchstwahrscheinlich nicht in Jubelsprünge versetzen wird. Und doch: Die Sehnsucht und Liebe zu unserem zukünftigen Kind lässt uns all das in Kauf nehmen.

Wir wissen, dass dies der einzige Weg ist, um einem kleinen Menschen das Leben zu schenken. Es geht nur durch unseren Körper. Wir müssen bereit sein, unseren Körper in gewisser Weise für das Leben eines geliebten Menschen hinzugeben. Und so hart das auch klingt: Wahrscheinlich ist einer Mama all das wert. Durch sie darf eine neue, ewig lebende Seele entstehen. Ist das nicht atemberaubend?

Wir als Mütter dürfen Jesus in diesem ganz besonderen Punkt ähnlich werden. Wir dürfen durch unseren Körper beteiligt sein, wenn neues Leben entsteht. Auch wenn wir im Normalfall dabei nicht sterben, dürfen wir in gewisser Weise unseren Körper „opfern" für ein neues Leben.

Ich muss sagen, so sehr ich über all die Veränderungen, die das Mama-Sein meinem Körper beschert hat, auch traurig bin – diese Wahrheit lässt mich staunen. Ich habe Ehrfurcht vor Gottes gewaltigem Plan, in den er mich einbeziehen möchte.

All das hat Wert. Es ist nicht nur ein Verlust (obwohl es das für unseren Körper definitiv bedeutet), sondern so viel mehr. Mein Kind darf leben! Und ich erfahre dadurch eine wundervolle Ähnlichkeit zu Jesus.

Und genauso, wie mein Körper sichtbare Zeichen von diesem Leben spendenden Prozess davonträgt, wie sie uns Mamas bis ans Ende unseres Lebens hier begleiten und uns daran erinnern werden, dass wir Leben geschenkt haben, so hat auch der Körper Jesu sichtbare Zeichen von seinem für uns Leben spendenden Prozess davongetragen. Die Wundmale an seiner Seite, seinen Händen und Füßen werden uns bis in alle Ewigkeit daran erinnern, dass er Leben geschenkt hat. Wir haben viel aufgegeben. Aber er hat noch weit mehr aufgegeben!

Für mich ist das eine wundervolle und tröstliche Wahrheit. Sie gibt allem, was ich körperlich loslassen musste, so viel Wert.

Jesus weiß, wie man sich fühlt. Er versteht jede traurige und frustrierte Mama – auch dich! Und er möchte dir helfen.

Nachdem du Mama geworden bist.

Mit deinem veränderten Körper.

Er möchte dich frei und zufrieden machen.

Liebe Mami, sieh die „Makel" an deinem Körper, die durch Schwangerschaft und Stillen gekommen sind, als wunderbares Zeichen dafür, dass du Leben in dir getragen, hervorgebracht und erhalten hast. Dass du als Lebensspenderin deinem Schöpfer ähnlicher geworden bist, der der ultimative Lebensspender ist.

All die körperlichen Veränderungen, die du durch das Gebären

und Umsorgen deiner Kinder mitgemacht hast, haben deiner Schönheit nicht geschadet. Ganz im Gegenteil: Sie bringen einen ganz neuen und besonderen Glanz. Weil sie Beweis dafür sind, dass du einen anderen Menschen selbstlos liebst und umsorgst. Dass du selbst deinen eigenen Körper hergegeben hast, damit dein Baby leben und sich gut entwickeln kann.

Du hast Liebe ganz praktisch gelebt. Und diese Hingabe bewirkt einfach eine wundervolle Schönheit in dir. Auf die andere Perspektive kommt es an.

Unvergängliche Schönheit – ein wunderschönes Herz

Ich glaube, dass wir in diesem Bereich viel von Jesus lernen können. Dass wir uns von ihm ermutigen lassen dürfen. Durch Jesus können wir entdecken, dass Schönheit so viel mehr ist als ein makelloser Körper.

Jesus war atemberaubend, als er auf dieser Erde war, und hat viele fasziniert und zu sich gezogen – und das, obwohl sein Körper, wie bereits erwähnt, nicht überdurchschnittlich schön war. Das Besondere und Schöne, das er ausgestrahlt hat, war nicht seinem Äußeren zu verdanken, sondern seinem Herzen. Sein wunderschönes Herz hat alles andere überstrahlt.

Und genauso darf es auch bei uns sein: Ein wunderschönes Herz kann körperliche Unzulänglichkeiten überstrahlen. Auch wenn unser Körper wichtig ist und auch wenn es wichtig ist, gut für ihn zu sorgen: Die Schönheit des Herzens ist wichtiger.

Eine Frau kann einen nahezu perfekten Körper haben, doch wenn ihr Herz nicht schön ist, weil sie zum Beispiel egoistisch, verbittert und unfreundlich ist, wird sie dadurch den „Gesamteindruck“ kaputt machen. Ich weiß, dass es diesen klischeehaften Satz gibt: „Auf die innere Schönheit kommt es an." Vielleicht bist du es leid, diesen Satz zu hören, oder kannst dir nicht vorstellen, wie du das praktisch umsetzen kannst.

Dann bitte ich dich, dich trotzdem darauf einzulassen, denn ich möchte dir Werkzeuge mit an die Hand geben, wie du deine innere Schönheit wirklich entdecken und feiern kannst und wie sich deine innere Schönheit auf deinem äußeren Körper widerspiegeln kann.

Ein kleines Beispiel zu dieser strahlenden inneren Schönheit:

Ich nippe an meinem Kaffee und staune. Unglaublich, was für eine Geduld meine liebe Freundin gerade an den Tag legt. Ich weiß nicht, ob ich immer noch so liebevoll hätte reagieren können. Schon wieder waren ihre zwei Kleinen streitend, quietschend und heulend zu ihr gelaufen. Und tatsächlich streiten sie sich immer noch um dieses eine Playmobil-Figürchen ... (Waren sie nicht erst vor sechs Minuten schon deshalb hierhergestürmt?)

Ehrlich gesagt sind das genau diese Momente, in denen ich die Geduld verlieren kann und eher genervt als freundlich reagiere. Alle paar Minuten von meinen Kindern aus dem Herzensgespräch mit meiner Freundin gerissen zu werden – und das nicht, weil etwas Schlimmes passiert ist, jemand sich wehgetan hat, Trost braucht oder einem etwas Schönes zeigen will –, sondern einfach, weil gestritten wird ... Und vor allem *immer noch* gestritten wird über dieses eine Spielfigürchen ...

Wie anders aber reagiert meine Freundin: Behutsam nimmt sie die beiden in den Arm, spricht liebevoll mit ihnen und geht mit wahrer Hingabe auf ihre Bedürfnisse ein. Irgendwie bin ich total beeindruckt und fasziniert von ihr. Ein Gedanke schießt mir durch den Kopf:

Was für eine wunderschöne Mama!

Auf ihre besondere Art hat sie nicht nur die Situation wunderschön gelöst, sondern wirkt auch selbst wunderschön. Ihre Liebe, Sanftmut und Geduld wirken auf mich einfach atemberaubend.

Wahre, unvergängliche Schönheit fängt eben nicht beim BMI, bei reiner Haut und Beinen ohne Cellulite an, sondern in unserem Herzen. Schönheit lässt sich nicht in ein Korsett von zeitabhängigen Schönheitsidealen zwängen. Sie ist so viel mehr als Äußerlichkeiten.

Und genau deshalb brauchen wir Mamis einen erneuerten Blickwinkel auf uns selbst und unseren Körper. Weil der Beautystandard unserer Zeit so anders ist als der Körper einer Frau, die Kinder geboren und gestillt hat. Weil wir uns manchmal so gar nicht wohl in unserer eigenen Haut fühlen. Weil wir uns vielleicht schämen und unsicher sind.

Genau deshalb.

Und auch genau deshalb schreibe *ich* dieses Buch.

Nicht, weil ich eine Frau bin, die mit diesem Thema bereits durch ist und die dir jetzt die ausgefeiltesten Tipps geben kann, wie du dich als Mama wieder Bombe in deinem Körper fühlen kannst.

Sondern genau deshalb: Weil ich eine Mama bin, die ebenfalls mit den körperlichen Veränderungen des Mama-Seins kämpft. Weil ich selbst auf dem Weg bin. Weil ich selbst so eine Sehnsucht danach habe, von Jesus in meinem Blick auf mich selbst verändert zu werden. Weil ich durch ihn frei und zufrieden sein möchte. Ausgesöhnt mit mir und meinem Körper.

Ich wünsche mir so sehr, das zu sehen, was er sieht, wenn er mich anschaut. Die Schönheit, die er in mich hineingelegt hat. Eine Schönheit, die nicht durch zu enge Jeans verwischt werden kann. Es geht um eine innere Schönheit, die alles Körperliche überstrahlt. Die so viel attraktiver ist als Beine ohne Cellulite. Weil sie unvergänglich ist.

Dieses Buch dreht sich um diese unvergängliche Schönheit, weil ich überzeugt bin, dass nur sie eine Frau wirklich schön erstrahlen lässt. Es braucht ein schönes Herz – wie ich es bei meiner Freundin mit ihren streitenden Kindern gesehen habe, die in dieser Stresssituation einfach nur voll krass Jesus ausstrahlte.

Die Äußerlichkeiten unseres Körpers bilden nur einen kleinen Teil vom Ganzen. Unvergängliche Schönheit bedeutet, einen liebenswerten und gütigen, Jesus-ähnlichen Charakter zu haben. Befreit und leicht zu leben, ohne Groll im Herzen. Zufrieden zu sein und glücklich mit dem, was Gott uns gibt. Einen mutigen Glauben zu leben. Schönheit bedeutet, verliebt in Jesus zu sein und ihm immer ähnlicher zu werden, denn er ist der Inbegriff der Schönheit. Schönheit bedeutet, Gott anzubeten und von seiner Liebe zu schwärmen und weiterzugeben. Denn dadurch werden wir immer mehr zu einer Frau nach Gottes Herzen.
Doch wie komme ich dahin? Davon will ich dir in den nächsten Kapiteln erzählen. Kleiner Tipp:

Es beginnt alles mit Jesus. Er ist für uns Mamas das beste Vorbild. Er hat ein vergebendes Herz. Ein freudiges Herz. Ein gütiges Herz. Er ist zufrieden, sanftmütig und seinem Vater immer gehorsam. Er ist letztendlich derjenige, dem wir nacheifern dürfen. Er ist derjenige, der unser Herz mit unvergänglicher Schönheit erfüllt, indem er es seinem Wesen immer ähnlicher macht. Und je mehr wir uns nach Jesus ausstrecken, desto mehr werden wir in sein Bild verwandelt. Wir dürfen mit seiner Schönheit erstrahlen.

Komm mit mir und lass uns mehr von Jesus entdecken! Sein Herz besser kennenlernen. Lass uns in seine Gegenwart eintauchen, damit wir dort immer mehr von ihm verändert werden.

Der Herr verändert uns durch seinen Geist, damit wir ihm immer ähnlicher werden und immer mehr Anteil an seiner Herrlichkeit bekommen.

2. Korinther 3,18 (Hfa)

Frei und zufrieden

Was geht dir durch den Kopf, wenn du diese beiden Wörter liest? *Frei und zufrieden.* Sind das nicht wunderbare Worte? Worte, die einen erstrebenswerten Zustand beschreiben?
Ich wünsche mir oft, ganz frei zu sein. Und wirklich zufrieden. Leider stehe ich mir dabei aber meistens selbst im Weg. Es gibt so viele Dinge an mir, über die ich so gar nicht zufrieden bin.

Und ich merke immer wieder: Wenn ich meinen Blick zu stark auf genau diese Dinge lenke, dann bewirken sie Unsicherheit in mir. In solchen Momenten befürchte ich, dass bestimmt jeder alle meine körperlichen Unzulänglichkeiten bemerkt – solche Gedanken bringen meine Emotionen ganz schön ins Wanken. Mutig und frei durchs Leben tanzen? An manchen Tagen fühle ich mich kilometerweit davon entfernt ...

Ein Bibelvers kommt mir in diesem Zusammenhang in den Sinn:

All dies verdanken wir Gott, der uns durch Christus mit sich selbst versöhnt hat. Er hat uns beauftragt, diese Botschaft überall zu verkünden. Und so lautet sie: Gott ist durch Christus selbst in diese Welt gekommen und hat Frieden mit ihr geschlossen, indem er den Menschen ihre Sünden nicht länger anrechnet.

2. Korinther 5,18.19 (Hfa)

Gott hat uns durch Jesus mit sich versöhnt. Wenn Gott mit mir Frieden schließt und mich mit sich aussöhnt, sollte ich das dann nicht auch mit mir tun?

Durch Jesus bin ich doch frei gemacht. Und ja, ich weiß: Diese Bibelstelle bezieht sich auf unsere ewige Freiheit – Freiheit von der Sünde, in der wir unweigerlich gelebt haben, bevor Jesus für uns starb und Frieden geschaffen hat. Ich weiß: Diese Sünde ist besiegt. Freiheit und Frieden sind bereits erwirkt worden.

Und dennoch ... Ich sehe durchaus auch einen Zusammenhang zum Frieden und Unfrieden, in dem wir oft mit unserem Körper leben: Durch die Sünde sind Unsicherheit und Unzufriedenheit über unseren Körper erst entstanden.

Im Garten Eden bewegten sich Adam und Eva vollkommen frei, zufrieden und sicher in ihrem Körper. Aber was geschah, als die Sünde die Bildfläche betrat? Beide verspürten umgehend den Drang, ihren Körper verstecken zu müssen. Die Sünde hatte etwas Verheerendes mit ihrem Körpergefühl angestellt. Etwas, das wir noch heute am eigenen Leib zu spüren bekommen, auch wenn wir Töchter Gottes geworden sind: Scham und Unsicherheit.

Wundere dich nicht, liebe Mami, dass du dich manchmal für deinen Körper schämst. Das ist die Folge des Sündenfalls und genau das Ziel des Feindes: dass wir uns verstecken, dass wir uns selbst ablehnen ...

Aber Gott will etwas ganz anderes: Er wünscht sich Freiheit und Zufriedenheit für dich. Er möchte dich sicher in dem Wissen ruhen lassen, dass du wundervoll von ihm geschaffen bist.

Ich glaube, dass wir die vollkommene Befreiung von diesen Gefühlen auf dieser Erde nicht erleben werden, sondern erst in der Ewigkeit bei unserem Schöpfer. Da hier noch nicht alles perfekt ist und wir warten müssen, bis Gott in der Herrlichkeit alles perfekt machen wird, werden wir auf der Erde nie am Endziel ankommen: in der Ewigkeit bei ihm.

Dann erst werden wir einen erneuerten Körper bekommen, der mit Herrlichkeit geschmückt ist und nicht im Geringsten mit unserem vergänglichen Körper auf der Erde zu vergleichen ist.

Wir verspüren diese Sehnsucht nach einem besseren und schöneren Körper schon jetzt sehr genau. Unsere ganze Gesellschaft ist davon geprägt – und diese gesellschaftliche Prägung macht auch vor uns Christen nicht halt. Irgendwie spüren wir, dass wir für mehr gemacht sind. Nicht nur geistig, sondern auch körperlich.

Aber ... ich bin überzeugt, dass wir schon im Hier und Jetzt, mitten in dieser unvollkommenen Welt mit unserem unvollkommenen Körper, eine Befreiung erleben können. Jesus ist gekommen, um uns von der Sünde loszumachen und uns ein Leben in Freiheit zu schenken. Ja, vollkommen wird es sich erst in der Ewigkeit anfühlen, aber einen Schritt in die richtige Richtung können wir durch Gottes Kraft schon hier erleben.

Ich wünsche mir so sehr, dass du durch das Lesen dieser Zeilen die gleiche Begeisterung wie ich verspürst. Dass du einen neuen Blickwinkel auf dich selbst bekommst, der geprägt ist von Jesus und nicht von der Kultur um dich herum.

Durch Jesus hast du alles an der Hand, was du brauchst, um in diese Freiheit zu treten. Es ist nichts, was wir von uns aus könnten, sondern etwas, was wir aus Gnade von ihm geschenkt bekommen.

Hast du Lust, dieses befreite Leben mit mir zusammen näher zu entdecken?

Let's start

Meine Liebe, bevor wir nun durchstarten, möchte ich dir noch einmal sagen:

Du darfst fest und sicher in dem Wissen sein, dass du geliebt bist. Dass du Wert hast und mit bedingungsloser Liebe und in Schönheit erschaffen bist.

Viel zu oft sehen wir diese Schönheit nicht. Ganz besonders bei uns selbst nicht. Ich möchte dir deshalb noch mal zusprechen:

Du bist wundervoll!
Gott sind keine Fehler unterlaufen, als er dich schuf.
Du bist ein Meisterwerk.

Möchtest du nun diesen Weg hin zu wahrer, innerer Schönheit gehen?

Ich lade dich ein. Lass uns zusammen Jesus begegnen und uns von ihm die Zufriedenheit und Freiheit schenken, nach der wir uns sehnen. Damit wir erfüllt, beschenkt und verändert von ihm mit unvergänglicher Schönheit strahlen können.

Unser Körper ist etwas Wunderbares, was unser Vater im Himmel mit Liebe geschaffen hat. Wir dürfen uns darüber freuen. Wir dürfen lernen, unseren Körper mit den gleichen Augen zu sehen, wie Gott selbst es tut: mit Liebe. Und deshalb dürfen wir auch liebevoll für ihn sorgen.

Am Ende jedes Kapitels findest du übrigens ein paar Reflexionsfragen mit einigen freien Zeilen, wo du deine Gedanken notieren kannst. Außerdem gibt es jeweils einen Action Step, der dir Inspiration für die praktische Umsetzung geben soll.

Und falls du hin und wieder doch auch etwas für deine äußere Schönheit tun möchtest, findest du am Ende des Buches ein paar Tipps, wie du das ganz praktisch schaffen kannst, ohne dich über Körperlichkeiten zu stressen.

Ich wünsche mir und bete von Herzen dafür, dass dieses Buch zu einem Segen für dich werden kann.

Deine Anne

1

Ein geliebtes Herz

GÜTE MACHT DICH SCHÖN!

Mein Vaterherz schlägt für dich

Meine geliebte Tochter!

Es gibt nichts, was dich so schön macht wie Liebe.

Wenn du nur erahnen könntest, mit was für einer Liebe du von mir geliebt bist – alle deine Selbstzweifel würden sich augenblicklich in Luft auflösen!

Ich bin begeistert von dir und juble regelmäßig über dich. Du bist mein wunderbares Kunstwerk. Meine Geschöpf, das ich so sehr liebe.

Es gibt nichts, was dich so schön macht wie Liebe.

Kannst du in meiner Liebe zu dir ruhen?
Dich fallen lassen in der Gewissheit, dass meine Liebe zu dir dich wie ein sicheres Tuch auffängt, wenn du den Boden unter den Füßen verlierst?
Ich bin da. Ich bin, der ich bin.
Meine Liebe zu dir hört niemals auf.

Es gibt nichts, was dich so schön macht wie Liebe.

Weißt du, wie mein Vaterherz für dich schlägt? Wie ich jeden deiner Schritte sehe und über dir wache? So wie du über dein Kleinkind, das gerade laufen lernt.
Das Ruhen in meiner Liebe, die Gewissheit, dass du unendlich geliebt bist, schenkt dir so viel Frieden.
Frieden darüber, wie ich dich geschaffen habe.
Frieden, die Schönheit anzunehmen, die ich in dich hineingelegt habe.

Es gibt nichts, was dich so schön macht wie Liebe.

Durch meine Liebe zu dir kannst du frei sein, deine Liebe zu verschenken. Wenn du mich mit ganzem Herzen, ganzer Seele und ganzem Verstand liebst, strahlst du mit einer unvergänglichen Schönheit.
Die Liebe zu mir ist der wichtigste und entscheidendste Teil der unvergänglichen Schönheit. Wenn du mich liebst und Zeit in meiner Nähe verbringst, wirst du mir immer ähnlicher.
Und ich bin die vollkommene Schönheit. Wenn ich mit meiner Schönheit durch dich strahle, glänzt auch du mit einer bezaubernden Schönheit.

Dein von dir begeisterter
himmlischer Vater

Lass dich gesund lieben

Sich lieben lassen.

Das klingt so leicht, aber ich glaube, dass es eine sehr schwere Übung für uns als Menschen und Christen ist. Wie schwer fällt es einem allein manchmal noch nach vielen Jahren Leben mit Gott, ihm wirklich zu glauben, dass er einen liebt.

Einfach liebt. So, wie man ist.

Kannst du das glauben? Dass du unendlich geliebt bist von deinem himmlischen Vater?

So, wie du gerade jetzt hier sitzt und diese Zeilen liest.

Mit aller Müdigkeit, aller Unvollkommenheit, allem, was du selbst vielleicht gar nicht an dir magst und wo du deinen eigenen Ansprüchen nicht genügst.

Mit allen Gedanken, die dir grad durch den Kopf gehen. Sogar den negativen Gedanken.

Er liebt dich. Genau so. Vielleicht hast du Probleme damit, dir Gott als liebenden Vater vorzustellen – weil du vielleicht keine liebenden Eltern hattest oder Liebe über Werke definiert wurde oder Gott als strenger Richter statt als liebender Vater vorgelebt wurde … Ich möchte dich gerade dann einladen, kurz innezuhalten und Gott zu bitten, sich dir zu offenbaren. So, wie er wirklich ist.

Lass diese unermesslich wichtige Nachricht noch einmal tief in dein Herz sacken:

ER LIEBT DICH.

Ich glaube, dass es sehr wichtig für uns ist, uns in Gottes Liebe geborgen zu fühlen. Wir Menschen sind als Gottes „Liebes-Gegenüber“ erschaffen worden. Es ist unsere Bestimmung, in eine Liebesbeziehung zu unserem Schöpfer zu treten. Wirklich heil wird unser verletztes Herz nur in seiner Liebe. Nichts anderes kann uns wirklich innerlich gesund machen. Er ist derjenige, der uns gesund liebt. Uns gesund liebt von allem, was unser Herz zerbrochen hat. All die schmerzlichen, seelischen Wunden, die uns so zusetzen.

Schließe einmal kurz die Augen und stell dir vor, wie du Gott dein Herz hinhältst …

Ein Herz voller Wunden, Flecken, Risse und dürftig geflickter Stellen. Du fragst dich vielleicht, wie dieses gebrochene Herz jemals wieder schön erstrahlen könnte.

Kann Gott wirklich aus meinem Schmerz noch etwas Schönes erschaffen?

Ich kann mir gut vorstellen, dass es eine Frau gab, die sich das Gleiche gefragt hat. Wir lesen von ihr im 7. Kapitel des Lukasevangeliums: Eine Sünderin, die Jesu Füße mit wertvollem Öl salbt. Ich denke, dass es sehr wahrscheinlich ist, dass sie eine Prostituierte ist, auch wenn der Text das nicht eindeutig sagt.

Das Salböl ist teuer, aber ich glaube, dass sie Jesus noch viel mehr schenkt als nur ihr kostbares Öl: Sie schenkt ihm ihr Herz.

Ihr kaputtes Herz. Voller Schmerz und Wunden.

Ihr gebrochenes Herz, das schon so viel miterleben musste. Ich stelle mir vor, dass sie immer wieder Ablehnung und verächtliche Blicke ertragen musste. Verurteilung von allen Seiten.

Eine Sünderin wird sie genannt. Und sie weiß, warum. Und wie sie es weiß!

Sie ist keine Heilige. Sie ist Lichtjahre davon entfernt. Sosehr es sie auch schmerzt … Sie weiß es selbst genauso deutlich wie ihre Ankläger: Sie ist eine Sünderin.

Sünde bestimmt nicht nur die Art, wie sie ihren Lebensunterhalt verdient, sondern Sünde bestimmt auch ihr Herz. Sie macht sich selbst nichts mehr vor. Sie ist verloren.

So wie sie immer und immer wieder Männern ihren Körper anbot, von denen niemand sie wirklich liebte, so schenkte sie auch immer wieder Menschen ihr Herz. Mit dem gleichen traurigen Ergebnis.

Keiner wertschätzt sie wirklich für den Menschen, der sie ist. Der Stempel „Sünderin“ hängt über ihr und verwehrt ihr ein glückliches Leben. Nicht nur ihr Körper fühlt sich immer abgenutzter und verbrauchter an, auch ihr Herz empfindet so – abgenutzt, verbraucht, kaputt, sündig, hässlich.

Hoffnung gibt es eigentlich nicht mehr. Die hat sie schon vor langer Zeit aufgegeben – bis sie von diesem Mann hört. Einem Mann, der anders zu sein scheint als alle anderen. Man sagt, er sei gütig und liebevoll und scheue sich nicht, mit Zöllnern und Sündern Gemeinschaft zu haben.

Seitdem lässt sie die bohrende Frage nicht los: *Könnte ich wertvoll in seinen Augen sein? Kann ich bei ihm die Liebe finden, nach der ich mich so sehr sehne?*

Ihr Hunger nach Liebe bringt sie letztlich dazu, einen Schritt zu wagen, der ihr Angst und Bange macht. Aber sie kann einfach nicht anders. Sie muss „all-in" gehen. Sosehr ihr die Angst vor einer weiteren Ablehnung und Verurteilung auch die Kehle zuschnürt. Sie muss es einfach versuchen.

Sie nimmt das Wertvollste, was sie besitzt, um es Jesus zu geben: ein Fläschchen gefüllt mit kostbarstem Öl (mit einem Wert, der ihrer gesamten Altersversorgung entspricht), und verdeutlicht damit gleichzeitig, was sie ihm eigentlich geben wird: ihr kostbarstes Gut, sich selbst.

Sie hat gehört, dass er heute bei Simon, dem Pharisäer, zu Gast sein wird. Das ist ihre Chance. Mutig klopft sie an und tritt ein, als ihr geöffnet wird. Verwunderte Blicke. Allerdings wagt keiner zu fragen, wer genau sie bestellt hat. Ihre berufliche Tätigkeit und damit auch ihr Ruf sind allen nur zu gut bekannt. Vielleicht hat sie gerade deshalb die Möglichkeit, sich den Zugang zu diesem Gastmahl zu verschaffen.

Sie betritt den Raum. Alle Augen blicken erstaunt und dann verächtlich auf sie – das kennt sie nur zu gut. Alle Augen? Nein, die Augen des Mannes dort drüben sind von Grund auf anders. Noch nie hat jemand sie so angesehen. Die Liebe seines Blickes dringt tief in ihr Herz und sie kann gar nicht mehr anders, als in Tränen auszubrechen und sich schluchzend zu seinen Füßen zu werfen. Sie zerbricht ihr kostbares Ölfläschchen und lässt es über Jesu Füße laufen. Sie kann nicht mehr aufhören zu weinen. Ihre Tränen mischen sich mit dem Öl auf seinen Füßen und sie beginnt beides mit ihren Haaren zu verteilen und aufzuwischen.

Die verurteilenden Worte der anderen nimmt sie nicht wahr. Sie hört nur noch die Stimme eines Einzigen: Jesus, der für sie eintritt. Sie verteidigt. Sie sieht – als Mensch. Und ihr die tiefste Liebe entgegenbringt, die sie jemals erlebt hat.

Nun weiß sie es: Sie ist geliebt! Von ihm. Und so, wie das duftende Öl den ganzen Raum mit himmlischem Duft erfüllt, so füllt sich ihr Herz mit himmlischer Liebe. Und beginnt damit zu heilen. Jesus verabschiedet sich von ihr mit den schönsten Worten, die sie je gehört hat:

Deine Sünden sind dir vergeben.
Dein Glaube hat dich gerettet. Geh in Frieden!
Lukas 7,48 ff. (NGÜ)

Ihr Herz ist für immer verändert. Frei gemacht von ihrer Schuld. Die Flecken der Sünde sind weggewischt, sie ist gerettet. Frieden erfüllt nun ihr Herz, tiefer Frieden. Sie ist endlich frei. Gesund geliebt von ihrem Erlöser. Ein gebrochenes Herz gab sie ihm, ein geheiltes Herz gibt er ihr zurück.

Meine Liebe, weißt du, dass Jesus heute noch der Gleiche ist? Dass er dein Herz genauso heilen möchte wie das dieser Frau? Egal, was andere über dich sagen oder was du selbst über dich denkst. Egal, wie vernichtend die Worte gewesen sein mögen, die andere schon über dich ausgesprochen haben, seine Worte über dich sind: ICH LIEBE DICH.

Du fragst dich, was er mit deinem gebrochenen Herz machen möchte? So wie das dieser Frau möchte er es heilen, neu machen, gesundlieben.

Gib ihm dein Herz, auch wenn du Angst vor einer weiteren Verurteilung und Ablehnung hast. Jesus ist anders. Er sieht dich nicht verächtlich an, sondern mit Augen der Liebe. Er möchte dir seinen Frieden schenken. So, wie er ihn dieser Frau damals geschenkt hat.

Und mit diesem geheilten und friedvollen Herz ändert sich alles.

Friedvolle Schönheit

Wenn dein Herz Ruhe findet, wenn es von innen heraus heilt, dann entsteht eine ganz neue Schönheit. Eine friedvolle Schönheit. Mir fällt das immer wieder auf: In dem Moment, wo eine Frau sich geliebt weiß und diese Liebe für sich annimmt, leuchtet sie mit einer neuen Schönheit. Hast du das auch schon einmal entdeckt?

Da gibt es ein neues Pärchen und die Frau hat plötzlich so eine besondere, glückliche Ausstrahlung. Es scheint mir manchmal, als ob das Bewusstsein darüber, dass sie geliebt wird, etwas mit ihrem Äußerem macht. Dieses Ruhen in der Liebe des Partners, diese Sicherheit, ist wie ein wunderschönes neues Strahlen.

Meine Liebe, diese friedvolle Schönheit darf auch dein Herz erfüllen und dein Gesicht zum Strahlen bringen. Du bist Gottes Tochter. Geliebt über alle Maßen. Nimm diese Liebe für dich an. Ruhe darin.

Ich muss sagen, seitdem ich Mama bin, kann ich Gottes Liebe zu mir ein klein wenig besser begreifen. Seit dem Augenblick, in dem ich das erst Mal erahnte, dass ein kleines Baby in mir heranwuchs, überströmte mein Mama-Herz vor Liebe zu meinem Kind. Es ist einfach faszinierend: Egal wie anstrengend die Nacht mit Stillbaby auch war, wenn ich am Morgen in dieses Babygesicht schaute, sah ich nur noch rote Herzchen. Genauso mit den Größeren: Egal wie genervt ich bei Trotzanfällen und Co. auch bin, mein Mama-Herz bleibt voller Liebe für sie.

Wir sagen unseren Kindern immer, dass es nichts gibt, was sie tun könnten, um diese Liebe zu verlieren. Unsere Liebe zu ihnen ist verlässlich, auch wenn sie versagen und sündigen. Genauso – und eigentlich noch viel wunderbarer – ist es mit Gott. Es heißt in der Bibel, dass es nichts gibt, das uns von Gottes Liebe trennen kann:

„Was kann uns da noch von Christus und seiner Liebe trennen? Not? Angst? Verfolgung? Hunger? Entbehrungen? Lebensgefahr? Das Schwert des Henkers? Ja, ich bin überzeugt, dass weder Tod noch Leben, weder Engel noch unsichtbare Mächte, weder Gegenwärtiges noch Zukünftiges, noch gottfeindliche Kräfte, weder Hohes noch Tiefes, noch sonst irgendetwas in der ganzen Schöpfung uns je von der Liebe Gottes trennen kann, die uns geschenkt ist in Jesus Christus, unserem Herrn."

Römer 8,35 ff. (NGÜ)

Wenn du Probleme hast zu glauben, dass Gott dich über alle Maßen liebt, dann schau auf dein Kind. Denke über deine Mutterliebe nach. Hast du schon einmal eine stärkere und aufopferungsbereitere Liebe verspürt?

Wenn wir schon als Menschen zu solch einer innigen Liebe fähig sind, wie viel stärker wird dann erst Gottes perfekte Liebe zu uns sein? Ist das nicht einfach nur krass?

SO SEHR LIEBT GOTT DICH UND MICH! Wahnsinn!

Wenn du das auch jetzt noch nicht ganz erfassen kannst, bitte Gott einfach, dass er dir hilft, seine Liebe Stück für Stück zu erkennen und tief im Herzen zu spüren. Sie zu begreifen und dich darin fallen lassen zu können.

Als Geliebte lieben

Eine Frau, die von Gott geliebt wird und sich in dieser Liebe sicher fühlt, ist befreit, andere selbstlos zu lieben. Da ihr Liebestank immer wieder von ihrem Herrn aufgefüllt wird, kann sie stets etwas von dieser Liebe weitergeben. Wie wunderbar, oder? Wir müssen nicht knauserig mit unserer Liebe umgehen oder immer darauf achten, genug von anderen zurückzubekommen. Wir müssen keine Angst haben „leerzulaufen", wenn wir Liebe weitergeben. Unser himmlischer Vater gibt uns, was wir brauchen. Gott ist die Liebe in Person (s. 1. Johannes 4,16). Er überschüttet uns damit.

Ich finde außerdem: Liebe macht so attraktiv! Menschen, die Liebe ausstrahlen, die warmherzig sind, haben eine besondere Anziehungskraft. Liebe macht einfach schön.

Ich kann mir gut vorstellen, dass die Frau, die Jesus das Salböl über die Füße goss, anschließend gar nicht mehr anders konnte, als die Liebe, die sie bei Jesus erfahren hatte, an andere weiterzugeben. Jesu Liebe rüstet uns förmlich zu, andere zu lieben. Aus einer Geliebten wird eine Liebende.

Ist das nicht eine wunderbare Ermutigung für uns Mamis, die wir oft unzufrieden über die ein oder andere Körperstelle sind und uns Sorgen machen, nun nicht mehr so attraktiv zu sein?

Wir dürfen uns bewusst machen, dass wir ganz automatisch mit einer wundervollen Schönheit strahlen. Weil wir Liebende sind. Mutterliebe durchdringt gefühlt jede unserer Körperzellen.

Liebe Mami, deine Liebe macht dich wunderschön. Du liebst tagein, tagaus mit selbstloser Liebe. Stehst mitten in der Nacht zig mal auf und kümmerst dich um dein Baby oder das kranke Kleinkind. Du erklärst immer und immer wieder, wie das mit dem Einmaleins funktioniert, obwohl dir dieses Mathebuch aus den Ohren rauskommt. Mehrmals am Tag kümmerst du dich darum,

dass deine Familie Essen auf dem Tisch hat. Die Waschmaschine wird in Dauerschleife von dir bedient. Mamas lieben den ganzen Tag und die ganze Nacht. 24/7. Ohne Pause. Und selbst in Momenten, in denen wir total genervt sind, würden wir noch unser letztes Hemd für unser Kind geben, wenn es darauf ankäme.
Diese Liebe macht dich wunderschön. Ist dir das bewusst?
Lass dich nicht davon entmutigen, dass sich deine Jeans nicht mehr schließen lässt oder nun Schwangerschaftsstreifen deinen Bauch zieren. Die Schönheit, die du durch deine Liebe ausstrahlst, ist so viel wichtiger und entscheidender als schlaffe Haut oder dein BMI.
Ein gütiges und liebevolles Wesen ist einfach durch nichts zu toppen.

Liebe ist unsere Berufung

Ist dir bewusst, dass andere zu lieben sogar deine Berufung ist? Als Gottes Töchter sind wir dazu berufen, andere zu lieben.

Was mich dabei fasziniert: Gott wusste, dass Liebe zu zeigen uns zu schönen Frauen macht. Und er war es auch, der das Bedürfnis, schön zu sein, in uns hineingelegt hat. Wenn wir also nun gehorsam seinem Auftrag folgen und andere lieben, dürfen wir empfangen, was wir uns so von Herzen wünschen: schön zu sein. Ist Gott nicht einfach nur gut?

Wie kann ich aber nun andere lieben? Wie sieht das praktisch aus?

Lass uns mal in die Bibel schauen:

Wie sehr Christus uns liebt, haben wir daran erkannt, dass er sein Leben für uns opferte. Ebenso müssen auch wir bereit sein, unser Leben für unsere Geschwister hinzugeben. Denn wie kann Gottes Liebe in einem Menschen sein, wenn dieser die Not seines Bruders vor Augen hat, sie ihm aber gleichgültig ist? Und dass, obwohl er selbst alles hat, was er zum Leben braucht!

1. Johannes 3,16.17 (Hfa)

Wenn ich über diese Bibelstelle nachdenke, stellen sich mir mehrere Fragen:

Habe ich ein gütiges Herz?

Ist es mir ein Anliegen, der Not der Welt zu begegnen?

Bin ich durch Jesu Segen und Liebe so übervoll, dass ich diese Segnungen und Liebe gerne mit anderen teile?

Oder bin ich vielleicht zu gemütlich und genieße all das nur für mich allein?

Andere zu lieben ist nicht immer leicht. Bin ich bereit, es trotzdem zu versuchen, weil mein Jesus mich dazu beruft?

Wir dürfen einen Unterschied in dieser Welt machen, wir dürfen die bedingungslose Liebe des Vaters an andere weitergeben.

Und wenn uns das schwerfällt, haben wir einen gütigen Herrn, der es uns vorgemacht hat. Jesus ist unser Vorbild: Er gab sein Leben für uns. Deshalb können auch wir unser Leben in andere investieren.

Mit großer Wahrscheinlichkeit sind wir nicht herausgefordert, körperlich für andere zu sterben. Doch anderen zu dienen, bedeutet in gewisser Weise auch, sich selbst zu sterben, indem wir unser Ego hintanstellen. Das merkt man als Mama täglich – und es fühlt sich nicht immer leicht an.

Mein altes Ego strebt immer nach Anerkennung, will wer sein, braucht die Bestätigung von anderen – am besten, indem andere zu mir heraufschauen. Das geht schlecht, wenn ich mich zum Diener mache. Doch in Christus habe ich eine neue Identität bekommen. Er hat mir eine unglaubliche Freiheit und die höchste Ehre geschenkt – nämlich mich Tochter des allmächtigen Gottes, des Schöpfers der Welt nennen zu dürfen, frei gemacht von aller Schuld, mit einer wundervollen Zukunft vor Augen.

Wenn ich diese Identität verinnerliche, brauche ich, theoretisch gesagt, nicht mehr die Anerkennung dieser Erde. Weil es nichts Ruhmreicheres als das gibt. Und weil ich diese Ehre, diese Identität niemals verlieren kann, kann ich mich niedrig machen und dienen.

Weißt du, was mir sonst noch hilft, mich an meine Identität zu erinnern und ein dienendes, liebendes Herz zu kultivieren?

Biografien von inspirierenden Frauen. Es gibt so viele tolle Beispiele in der Geschichte, wo Frauen ihre Identität als Töchter Gottes angenommen haben und die Liebe, die Jesus in ihr Herz gelegt hat, in die Welt hinaustrugen. (Natürlich gibt es auch ganz viele wundervolle Männer auf diesem Gebiet, aber als Frau kann ich mich immer besser mit meinen Glaubensschwestern identifizieren und sie mir zum Vorbild machen.)

Ein Beispiel ist Amy Carmichael, die ihr ganzes Leben im Dienst für andere lebte und als Missionarin zunächst nach Japan und anschließend nach Indien ging. Sie rettete viele Mädchen vor der Tempelprostitution, nahm sie bei sich auf und gab ihnen ein liebevolles Zuhause. Ihre Lebensgeschichte ist wirklich ermutigend für mich.

Übrigens: Auch Jesus ist ein perfektes Beispiel:

„Jesus aber wusste, dass der Vater ihm alles in die Hand gegeben hatte, dass er von Gott gekommen war und zu ihm zurückkehren würde. Da stand er vom Tisch auf, legte sein Obergewand ab und band sich ein Tuch aus

Leinen um. Er goss Wasser in eine Schüssel und begann, seinen Jüngern die Füße zu waschen und mit dem Tuch abzutrocknen."

Johannes 13,3-5 (Hfa)

Jesus kannte seine Identität. Er wusste genau, wer er ist: der einzig wahre König, der alles in der Hand hat. Der Herrscher des Universums, der König der Könige.

Und weil er wusste, wer er ist, war er frei zu dienen.

Meine Liebe, ruhst du in deiner gottgeschenkten Identität? Stehst du sicher auf dem Fundament, das Jesus dir schenkt? Du bist Gottes geliebtes Kind. Das ist deine Identität. Weil du von Gott geliebt bist, kannst du andere lieben:

Wir lieben, weil Gott uns zuerst geliebt hat.
1. Johannes 4,19 (Hfa)

Andere zu lieben ist etwas ganz Besonderes. Es ist etwas Göttliches – weil Gott die Liebe ist. Damit bringst du anderen Jesus. Es heißt in der Bibel, dass die Liebe das Größte ist (s. 1. Korinther 13,13).

Wie wäre es, wenn du die Liebe auch zum Größten in deinem Leben machst? Die Liebe zu Gott und zu Menschen ...

Jesus in dir macht dich schön

Vielleicht denkst du jetzt: Und was ist, wenn ich so richtig mies drauf bin? Was ist, wenn ich so erschöpft bin, dass ich keine Kraft habe, um Liebe weiterzugeben?

Ich bin so dankbar, dass wir einen wundervollen liebenden Gott haben, der uns trägt und versorgt. Es geht beim Lieben nicht um Leistung. Du musst dir keinen Druck machen, immer und überall perfekt zu lieben. Liebe hat nichts mit Druck und Angst zu tun. Es geht nicht darum, was *du* tun musst, sondern darum, was *Jesus* durch dich tut. Denn wir sind nicht perfekt – wir haben alle mal schlechte Tage und miese Laune. Deshalb geht es letztlich nicht um uns, sondern um Jesus in uns.

Es geht um eine unvergängliche Schönheit. Wenn wir Jesus immer ähnlicher werden, dann scheint seine Schönheit durch uns hindurch; *seine* Schönheit bringt uns zum Strahlen, nicht *unsere* Schönheit. Er ist der Innbegriff aller Schönheit, die wir getrennt von ihm niemals finden können.

Aber wie kann seine Liebe und Schönheit durch uns strahlen? Die Antwort finden wir in dieser Bibelstelle:

> *Christus soll immer wichtiger werden, und ich will immer mehr in den Hintergrund treten.*
> *Johannes 3,30 (Hfa)*

Je mehr Raum ich Jesus in meinem Herzen und meinem Leben gebe, desto mehr kann er mich mit seiner Schönheit erfüllen. *Er muss wachsen, ich aber muss abnehmen* (s. Johannes 3,30 (SLT)) – diese Weisheit ist tatsächlich die Quintessenz echter, ganzheitlicher Schönheit. Auch wenn es eine harte Wahrheit ist: Wir Menschen haben von uns aus nichts Schönes vorzuzeigen oder zu geben, was von Dauer wäre. Alles an uns ist vergänglich und von Sünde durchdrungen. Unsere Körper (und selbst die schönsten Körper) altern und verlieren ihren ursprünglichen Glanz. Krankheiten, Unfälle – so viele Dinge verunstalten unseren Körper.

Und auch unser Inneres ist davon nicht ausgeschlossen. Egal, wie sehr wir uns bemühen, liebenswert zu sein – die Sünde wird immer wieder durchkommen. Gemeine Gedanken, fiese Worte.

All das bricht sich immer wieder Bahn in unserem Leben und verunstaltet uns. So sehr es auch schmerzt und wie gerne wir das auch verdrängen, eigentlich wissen wir darum. Es ist einfach so hart.

Aber Jesus gibt uns Hoffnung; er ist die Antwort auf unsere Unzulänglichkeit. Wirklich vergeben können wir nicht ohne ihn. Echte Zufriedenheit und Freude erlangen wir nicht ohne ihn. Mutig unseren Glauben leben, geht nicht ohne ihn. Er ist es, der uns Schönheit verleiht. Wir müssen ihm nur den Raum dafür geben.

Je verliebter du in Jesus bist, desto schöner wirst du sein. Er gestaltet dich in eine Frau nach seinem Herzen um.

Und weil ich es so wichtig finde, möchte ich es hier noch einmal deutlich sagen: Es geht nicht darum, dass wir uns abstrampeln, liebevoll zu sein, sondern dass wir mit unserer Unzulänglichkeit zu Jesus kommen und uns von ihm verändern lassen.

Er bewirkt ein liebevolles Wesen in uns. Wir können das mit unserer menschlichen Kraft gar nicht allein erreichen. Es geht nicht um Gesetze und Werke, sondern darum, Jesus in unserem Leben und Herzen Raum zu geben und ihm zu erlauben, uns zu verändern.

Eure Schönheit

soll von innen kommen!

Ein freundliches und

ausgeglichenes Wesen ist euer

unvergänglicher Schmuck.

Das ist es, was Gott als wirklich

kostbar ansieht.

1. Petrus 3,4 (Hfa)

Praktische Tipps, wie du Güte zeigen kannst

Vielleicht fragst du dich jetzt:
Wie kann ich Jesus mehr Raum in meinem Leben geben?
Wie kann ich mich von ihm immer mehr verändern lassen?
Wie kann ich andere liebevoll umsorgen?
Wie kann das alles praktisch aussehen?

Hier sind ein paar Tipps dazu:

Bete dafür

Du kannst Jesus um alles bitten – auch darum. Bitte ihn, dein Herz ganz zu erfüllen. Sage ihm, wie sehr du dir wünschst, ihm ähnlicher zu werden und von seiner Herrlichkeit und Liebe durchdrungen zu werden. Sage ihm, dass du (mit deinem Ego) abnehmen willst, damit er in deinem Leben zunehmen kann. Sprich im Gebet laut aus, dass er der König in deinem Herzen und deinem Körper sein soll. Dass du seinen Willen für dich willst und nicht mehr deinen.

Lerne ihn besser kennen

Nimm dir danach Zeit, ihn besser kennenzulernen. Je mehr Zeit du in seiner Gegenwart verbringst (zum Beispiel durch Gebet oder das Lesen deiner Bibel), desto begeisterter wirst du von ihm werden. Je mehr du verstehst, wie er ist, desto mehr wirst du dich buchstäblich in Jesus verlieben. Und das wird auch dich immer mehr zu einer Liebenden machen. Denn die Liebe Jesu färbt auf uns ab.

Noch eine weiterführende praktische Idee beim Bibellesen: Führe ein Journal, in dem du notierst, wie Jesus den Menschen seine Liebe gezeigt hat, noch bevor er am Kreuz für sie starb. Lass dich davon inspirieren.

Lass dich von Gott füllen

Um gütig und liebevoll zu sein, ist es essenziell, dass du dich zuerst von Gott füllen lässt. Zu lieben ist nicht einfach. Es erfordert eine gehörige Portion Demut und dass man sich selbst hintanstellen kann.

Unserem natürlichen Ich kann schnell mal die Kraft für solch eine praktische Liebe ausgehen. Aus eigener Kraft kannst du nicht so viel lieben. Ohne Jesus an deiner Seite stehst du bei dem Versuch, viel zu lieben, vielleicht sogar in der Gefahr auszubrennen.

Deshalb komme jeden Tag zu Gott. Nimm dir Zeit fürs Bibellesen und Gebet. Das ist deine Auftankzeit. Dort kannst du zur Ruhe kommen. Egal wie stressig dein Alltag scheint, nimm dir Zeit, zelebriere diese Minuten der Stille mit einem Kaffee, einer Kerze oder was dir sonst guttut.

Vielleicht hältst du deine Arme sogar wirklich offen vor dich hin. Diese Geste kann dir helfen, dir bewusst zu machen, woher du deine Kraft zum Liebesdienst nimmst. Sie kommt allein von Gott. Du musst und kannst das nicht von dir aus stemmen.

Beginne bei deinem Mann

Mir ist bewusst, dass nicht alle Mamas einen Mann an ihrer Seite haben. Aus den unterschiedlichsten Gründen sind manche von uns Frauen herausgefordert, unsere Kinder allein zu erziehen und zu versorgen.

Liebe alleinerziehende Mami, du hast meinen höchsten Respekt und meine Bewunderung! Was du täglich leistest ist unglaublich. Du kannst den folgenden Abschnitt gerne überspringen und dir stattdessen überlegen, in welche Beziehung du investieren kannst.

Hast du vielleicht Eltern oder eine beste Freundin, die dich bei der Erziehung unterstützen? Auch diese Beziehungen wollen gehegt und gepflegt werden. Vielleicht überlegst du dir mal, wie du deinen engsten Vertrauten besondere Ehre und Liebe entgegenbringen kannst.

Und für dich, liebe verheiratete Mami ... Ist dir bewusst, dass dein Mann die wichtigste menschliche Beziehung ist, die du hast? Dass sie Priorität vor allen anderen Beziehungen hat?

So schnell kann es passieren, dass man vor lauter „Um-die-Kinder-Kümmern" keine Kraft mehr für seinen Ehemann hat. Ich merke selbst immer wieder in unserer Beziehung, wie wichtig es ist, unsere Ehe zu priorisieren. Vernachlässige deine Ehe nicht. Auch nicht um der Kinder willen. Unsere Ehen brauchen Pflege und Zeit.

Übrigens können wir auch unseren Kindern ein riesiges Geschenk damit machen, wenn wir uns gut um unsere Ehen kümmern. Sie brauchen Eltern, die für sie sichtbar ein Liebespaar sind. Das gibt ihnen Sicherheit. Gleichzeitig werden sie von uns ganz viel über das Thema Ehe lernen. Und falls sie später selbst mal heiraten sollten, wird unsere Ehe einen Einfluss auf ihre Entscheidungen haben.

Nehmt euch regelmäßig Zeit für ungestörte Zweisamkeit. Plant ganz bewusst Eheabende ein, an denen ihr ausreichend Zeit für innige Gespräche und Herzensthemen habt. Wenn es irgend geht, versucht ab und an mal, nur zu zweit für ein Wochenende wegzufahren. Ja, das alles kostet Geld, aber es ist wirklich gut investiertes Geld. Eine gute Ehe darf uns auch mal etwas kosten.

Aber auch im Alltag kannst du üben, deinen Mann zu lieben. Versuche vielleicht, regelmäßig sein Lieblingsessen zu kochen oder sein liebstes Dessert zu machen. (Frage ihn aber unbedingt hin und wieder, was er aktuell gerne mag. Manchmal können sich Vorlieben verändern oder man ist etwas irgendwann leid ...)

Wenn ihr gemeinsam einen Home-Kino-Abend macht, könntest du ihn zum Beispiel auch den Film aussuchen lassen. Wenn ihr einen Ausflug macht, berücksichtige dabei seine Interessen. Oder versuche häufiger das anzuziehen, was ihm so gut gefällt, oder seine Lieblingsfrisur an dir zu tragen (auch hier: Frag nach seinen Vorlieben.)

Es gibt so viele kleine Gesten der Liebe, die eure Ehe lebendig und glücklich halten. Durch solche Kleinigkeiten kannst du dir das gewisse Knistern ganz einfach erhalten.

Total wichtig finde ich auch, dass wir unseren Männern gegenüber respektvoll sind. Eigentlich sollte es selbstverständlich sein, dass wir allen Menschen ein respektvolles Verhalten entgegenbringen, aber durch die große Vertrautheit kann dieser Punkt ganz besonders in der Ehe schon mal etwas leiden.

Und ja, ich weiß: Unsere Männer sind (wie wir ja auch) nicht perfekt. Es wird immer mal Zeiten geben, in denen sich unser Mann uns gegenüber nicht liebevoll genug verhält und wir denken, dass er diesen Respekt nicht „verdient" hat. Allerdings rechtfertigt ein falsches Verhalten nicht ein weiteres falsches Verhalten. Letztendlich ist das ja sogar der Inbegriff von Liebe: Hingebungsvoll zu geben, selbst dann, wenn man in dem Moment nichts dafür zurückbekommt. Andersherum kenn ich das von mir selbst nur zu gut: Oft sind gerade die Tage, an denen ich zickig und anstrengend bin, die Momente, in denen ich eine liebevolle Umarmung so besonders dringend brauche. Ich bin meinem Mann immer so dankbar, wenn er liebevoll zu mir ist, auch wenn ich es eigentlich gar nicht „verdient" hab ...

Ein ganz praktischer Tipp, den ich persönlich sehr wichtig finde: Achte darauf, dass du Blickkontakt hältst, wenn ihr miteinander redet. Sei eine aktive Zuhörerin. Das gilt vor allem für dich, wenn du oft am Handy bist. Leg es zur Seite, wenn du dich mit deinem Mann unterhältst. Nimm wirklich Anteil an dem, was er sagt, und stelle gute Rückfragen. Interessiere dich für seine Themen. Seine Arbeit, sein Hobby, seine Sorgen ... Rede freundlich und nicht harsch mit ihm. Diese Feinheiten machen so viel aus.

Wenn du deinem Mann unmissverständlich zu verstehen gibst, dass er der wichtigste Mensch für dich ist, dass dir seine Wünsche wichtig sind und du ihn glücklich machen möchtest, ist das ein großer Liebesbeweis.

Liebe deine Kinder

Auch deine Kinder darfst du mit Liebe überschütten. Ist dir bewusst, dass du in Gottes Reich dienst, wenn du dich liebevoll um deine Kinder kümmerst? Als Mama kann man so schnell das Gefühl haben, nichts Bedeutendes zu tun – dabei tun wir etwas unfassbar Wertvolles, wenn wir unsere Kinder umsorgen, erziehen und lieben!

Deine Liebe zu deinen Kindern ist ein wichtiger Dienst. Tappe nicht in die Falle zu denken, dass deine Kinder dich von deinem *eigentlichen* Dienst abhalten. Sie *sind* dein Dienst. Dieses Wissen kann unglaublich ermutigend sein – gerade dann, wenn die Kinder noch so klein sind und man gefühlt für nichts anderes mehr Zeit hat.

Du stehst nicht auf dem Abstellgleis, wenn du dein Baby auf dem Arm wippst und gleichzeitig versuchst, für dein Kleinkind Erbsen zu kochen. Es ist eine wichtige Aufgabe, die Ewigkeitswert hat!

Das Gefühl von inniger Liebe kannst du deinen Kindern auch mitgeben, wenn du Spaß mit ihnen hast. Ich ertappe mich oft dabei, so viel zu tun zu haben, dass ich mir keine Zeit nehme, mit meinen Kindern etwas zu machen, was Spaß macht. Dabei fühlen Kinder sich so wertgeschätzt und geliebt, wenn wir Erwachsenen uns Zeit nehmen, mit ihnen zu spielen.

Vielleicht ist das für dich ja weniger ein Problem, aber falls doch, probiere doch mal, mit jedem deiner Kinder einen Mami-Tag einzuplanen. Ich versuche das immer wieder (auch wenn ich mir wünschen würde, dass es häufiger möglich wäre). Mami-Tage sind bei unseren Kindern sehr beliebt, egal in welchem Alter. Es bedeutet einfach, dass ich mir für das entsprechende Kind einen ganzen Nachmittag reserviere, um etwas mit ihm zu machen.

Wenn wir etwas unternehmen wollen wie Schwimmbad, Eisessen oder Fahrradtour muss man natürlich jemanden für die anderen Kids organisieren. Das klappt nicht immer so häufig. Aber das Ganze geht auch zu Hause. In der Regel wünschen sich die Kids dann so was wie, dass sie ein bestimmtes Gesellschaftsspiel nur mit mir allein spielen oder dass wir einen Kuchen backen (wovon hinterher alle profitieren). Das kostet sogar nur wenig Aufwand und ist so schnell gemacht.

Auf diese Weise fühlen sich unsere Kinder so geliebt – und uns Mamis tut es ja genauso gut.

Andere lieben

Die Kraft, die wir noch übrighaben, wenn unsere eigene Familie „umliebt" ist, können wir freigiebig an andere verschenken.

Es gibt so viele Möglichkeiten, anderen zu dienen. Die Not ist groß – es braucht Menschen, die bereit sind, in eine verlorene Welt zu gehen, in der Zerbruch, Leid und Schmerz herrschen, und die Liebe Jesu dort hineinzutragen. Kaputte Menschen brauchen Menschen, die sie gesundlieben, Kranke brauchen jemanden, der sie tröstet und pflegt, vernachlässigte Kinder brauchen jemanden, der sich ihnen zuwendet und ihnen hilft.

Die Liste kann schier endlos weitergeführt werden. Auch in den Kirchengemeinden braucht es immer wieder Menschen, die ihre Gaben, ihre Zeit und ihre Liebe in die unterschiedlichsten Aufgaben einbringen. Überall braucht es Diener. Da ist es natürlich gar nicht so einfach zu entscheiden, wo du dich einbringst.

Am besten fragst du einfach Gott selbst. Bitte ihn, dir zu zeigen, wo er dich gebrauchen möchte. Was legt Jesus dir aufs Herz? Was ist deine Berufung?

Überlege auch, bei welchem Dienst dir das Herz aufgeht. Was begeistert dich? Liebst du es, mit Kindern zusammen zu sein oder mit Senioren? Sprichst du gerne von vorne und gibst Inputs weiter oder arbeitest du lieber im Hintergrund? Möchtest du anderen mit deiner Musik dienen oder lieber mit deinen Kochkünsten?

Was liebst du? Wenn du deinen Platz des Dienens noch nicht gefunden hast, kann dir die Beantwortung dieser Fragen vielleicht eine Hilfe dabei sein.

Kannst du Gott erlauben, dein Herz gesundzulieben? Was hindert dich möglicherweise daran? Welche Ängste kommen auf?

Wie könntest du Qualitätszeit mit Jesus in deinen Mama-Alltag einbauen, damit du Zeit für deine wichtigste Liebesbeziehung finden kannst?

Was hilft dir, wenn du gerade so richtig unmotiviert bist?

Wie könntest du deinem Mann in dieser Woche ganz besonders zeigen, dass er dir wichtig ist und du ihn liebst?

Was könntest du mit deinem Kindern Schönes machen? Wobei haben sie besonders Spaß?

Welcher Dienst fasziniert dich? Wo würdest du gerne mitarbeiten?

Liegt dir vielleicht ein neues Projekt auf dem Herzen, das du gerne ins Leben rufen würdest? Was schwebt dir vor?

Action Step

Drucke dir Fotos von all deinen Lieben aus (deinem Mann, deinen Kindern – einzeln, deinen Eltern …) und lege sie in deine Bibel (oder an einen anderen Platz, den du täglich siehst). Nimm dir regelmäßig Zeit, für jeden Einzelnen zu beten. Schnapp dir dafür immer das Foto, schaue es an und bete alles über diesem Menschen, was du dir für ihn wünschst.

Bitte Gott, seinen Segen über diese Menschen zu bringen.

Indem du dir Zeit nimmst, für andere zu beten, übst du einen großen Liebesdienst aus. Gebet ist ein riesiges Geschenk.

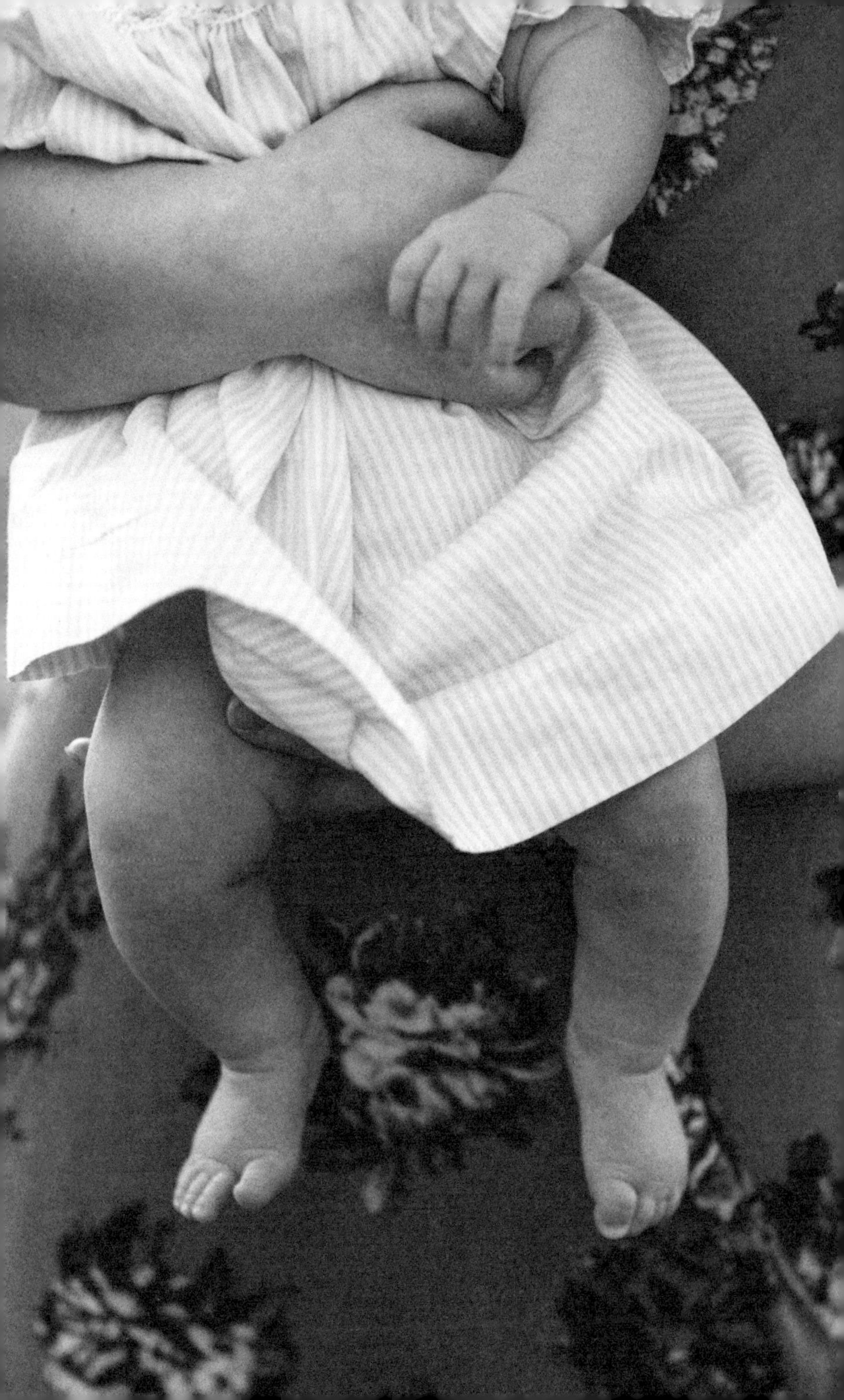

2

Ein freudiges Herz

ZUFRIEDENHEIT MACHT DICH SCHÖN!

Wenn du lachst, bist du am schönsten

Meine Liebe,

weißt du eigentlich, wie wunderschön du aussiehst, wenn du lachst?

Du kannst dir gar nicht vorstellen, wie deine Ausstrahlung in diesen Momenten ist. Alles an dir wirkt anziehend und liebenswert. Man kann gar nicht anders, als in dein Gesicht zu sehen und Schönheit zu entdecken. Lachen ist etwas Wunderbares und Schönes. Es verleiht jedem Blick automatisch eine strahlende Schönheit.

Weißt du eigentlich, wie wunderschön du aussiehst, wenn du lachst?

Alles an dir wird dann von diesem Lachen überstrahlt. All die Dinge, die du selbst an dir gar nicht so gerne siehst, fallen plötzlich viel weniger auf. Auch wenn du in meinen Augen wunderschön geschaffen bist, weiß ich natürlich, dass du nicht mit allem zufrieden bist. Deshalb weise ich dich darauf hin: Ist dir bewusst, dass du mit deinem herzlichen Lachen von diesen Dingen optisch ablenken kannst?

Weißt du eigentlich, wie wunderschön du aussiehst, wenn du lachst?

Lachen bringt so viel Entspanntheit, Sorglosigkeit und Ruhe in dein Leben. Lachen tut dir selbst unheimlich gut. Und es tut auch allen deinen Beziehungen gut. Jeder freut sich, wenn er in der Gegenwart von freudigen, zufriedenen Personen sein darf. Die Ausgeglichenheit, die du dadurch ausstrahlst, ist auch für dein Umfeld ein Geschenk.

Weißt du eigentlich, wie wunderschön du aussiehst, wenn du lachst?

Ich habe Lachen erschaffen. Ich habe mir so viel Gutes dafür überlegt. Und ich wünsche mir für dich, dass du all die guten Auswirkungen, die ein Lachen für dich hat, erlebst und genießt. Lachen ist mein Geschenk an dich. Es schenkt dir einen Mini-Einblick in den Himmel. Mache viel Gebrauch davon und lass dein Umfeld davon geprägt sein. Denn Freude ist meine Spezialität.

Weißt du eigentlich, wie wunderschön du aussiehst, wenn du lachst?

Nein? Dann sieh mal in den Spiegel!
Ich liebe dich.

Dein Vater im Himmel

Vor Freude strahlen

Weißt du, welche Geschichte in der Bibel mich immer wieder fasziniert?

Der Bericht über Mose, wie sein Gesicht so sehr von Gottes Herrlichkeit gestrahlt hat, nachdem er in Gottes Gegenwart war, dass andere es nicht ertragen konnten, ihn anzuschauen.

Mose verbrachte vierzig Tage und vierzig Nächte auf dem Berg in der Gegenwart des HERRN. Während der ganzen Zeit aß und trank er nichts. Der HERR schrieb auf die Steintafeln die zehn Gebote, die Grundregeln seines Bundes mit Israel. Als Mose mit den beiden Gesetzestafeln in der Hand wieder vom Berg herabkam, lag auf seinem Gesicht ein strahlendes Leuchten, weil er mit dem HERRN gesprochen hatte. Mose war sich dessen nicht bewusst, aber Aaron und die anderen Israeliten bemerkten das Leuchten, als sie Mose sahen. Sie bekamen Angst und hielten Abstand.

(...)

Als Mose ihnen alles gesagt hatte, verhüllte er sein Gesicht mit einem Schleier. Jedes Mal, wenn Mose das Zelt der Begegnung betrat, um mit dem HERRN zu sprechen, entfernte er den Schleier, bis er wieder hinausging. Draußen übermittelte er den Israeliten, was ihm aufgetragen worden war, und sie konnten das strahlende Leuchten auf seinem Gesicht sehen. Danach legte Mose den Schleier wieder an, bis er erneut ins

Zelt der Begegnung ging, um mit
dem HERRN zu sprechen.

2. Mose 34,28-30.33-35 (NGÜ)

Gottes Gegenwart, diese Nähe zu Gott, hatte Spuren auf seinem Gesicht hinterlassen: ein übernatürliches Strahlen ... Was für ein krasser Bericht, oder? Das Strahlen damals muss etwas ganz Besonderes gewesen sein, das Gott Mose geschenkt hatte – aber: Ich bin überzeugt, dass Zeit mit Gott auch heute noch unser Gesicht verändert!

Wenn wir uns Gottes Gegenwart aussetzen, bleibt das nicht unbemerkt. Seine Nähe verändert uns, hinterlässt Spuren auch auf unserem Gesicht:

Wer zu ihm aufschaut, der strahlt vor Freude.
Psalm 34,6 (Hfa)

Ich weiß nicht, wie es dir geht, aber ich wünsche mir sehr, mit der Freude aus seiner Gegenwart so erfüllt zu sein, dass mein Gesicht strahlt. Dass meine Ausstrahlung verrät, dass ich in der Nähe meines Herrn gewesen bin. Ich wünsche mir, dass andere Jesus in meinem Gesicht erkennen können. Dass meine Augen leuchten, weil mein Herz bei meinem Gott aufgetankt hat.

In Gottes Gegenwart finden wir Freude. Eine Freude, wie wir sie sonst auf dieser Welt nicht finden können. Eine Freude, die unser Herz erfüllt und uns Glück und Zufriedenheit schenkt. Eine Freude, die einfach nicht unsichtbar bleiben kann. Die unserem Gesicht einen Glanz verleiht und unsere Ausstrahlung mit Jesus durchflutet.

Schönheit pur!

Ich aber darf dir

immer nahe sein,

das ist mein

ganzes Glück!

Psalm 73,28 (Hfa)

Freude macht dich attraktiv

Ich liebe ausgelassenes Lachen bei Babys oder Kleinkindern, du auch? Es ist einfach nur hinreißend. Vor allem diese süßen Grübchen, die sich in ihren pausbäckigen Wangen abmalen … hach!

Aber natürlich ist das nicht nur bei Kindern so. Dasselbe gilt ja auch für uns Erwachsene.

Hast du schon einmal darüber nachgedacht, wie wichtig Freude und Zufriedenheit für deine Schönheit sind? Sie sind sogar ganz entscheidende Accessoires. Wer griesgrämig, unzufrieden und meckernd durch das Leben geht, strahlt nicht gerade Attraktivität aus, oder? Wir fühlen uns automatisch zu Menschen hingezogen, die Freude und Leichtigkeit versprühen. Diese Menschen tun uns gut. Sie inspirieren uns. Und sie sind einfach wunderschön.

Übersprudelnde Freude versteckt sofort kleine Problemzonen. Wer sieht schon den Pickel im Gesicht, die Segelohren oder die X-Beine, wenn jemand eine Ausstrahlung hat, die einfach nur hinreißend ist? Freude und Zufriedenheit gehören untrennbar mit ganzheitlicher Schönheit zusammen. Jedes Lachen ist dabei einzigartig und besonders: laut und schallend, leise und kichernd, mitreißend, zu Tränen führendes Lachen, unhörbares Lachen, Schmunzeln oder Grinsen. Jedes Lachen ist toll. Und jedes Lachen, jede Fröhlichkeit ist etwas Wunderbares.

Wie anders ist das Gegenteil von dieser Freude. Und damit meine ich nicht eine begründete, zeitlich begrenzte Traurigkeit oder Wut, die auch mal sein darf, sondern ein prinzipielles pessimistisches und unzufriedenes Verhalten …

Menschen, die häufig Unzufriedenheit ausstrahlen, können eine ganz schöne Herausforderung für ihr Umfeld sein. Es ist nicht leicht, mit so einem Menschen eng zusammen zu sein.

Die Bibel hat einen sehr eindrücklichen Vergleich dazu parat:

Eine nörgelnde Frau ist so unerträglich wie ein undichtes Dach bei Dauerregen!
Sprüche 27,15 (Hfa)

Irgendwie bringt mich diese Bibelstelle nicht nur regelmäßig zum Nachdenken, sondern auch zum Schmunzeln. Es ist schon witzig, wie direkt und ausdrucksstark Gottes Wort ist, oder? Ein undichtes Dach bei Dauerregen – das ist echt ätzend! Man wird kalt abgeduscht, es ist ungemütlich und man beginnt zu frösteln. Selbst wenn es nur eine kleine Stelle ist, die undicht ist: Dieses eintönige Tropfen kann einen wahnsinnig machen.

Genauso wenig wie man gerne bei Dauerregen in einem Haus mit undichtem Dach sitzen möchte, genauso wenig möchte man in der Nähe einer unzufriedenen und zickigen Frau sein. Mir scheint, dass gerade wir Frauen schnell dabei sind, uns über alles und jeden zu beschweren (vielleicht werden wir deshalb auch ganz explizit hier erwähnt) – über den Ehemann, die Kinder, die Kollegen, den Chef, die Freundin, das Wetter.

Anstatt so einer miesen Stimmung nachzugeben (und mich dann definitiv nicht von meiner Schokoseite zu zeigen), will ich versuchen, meine Aufmerksamkeit mehr auf gute Vorbilder zu lenken – möchtest du mitmachen?

Eine wunderschöne Frau ...

Ich bin ein großer Fan von der Frau, die in der Bibel in Sprüche 31 beschrieben wird. Für mich ist sie ein absolutes Vorbild, das mich immer wieder motiviert. Falls du den Text über sie schon kennst: Ja, beim ersten Lesen kann man sich ganz schön einschüchtern lassen. Wenn man liest, was sie alles tut ... Ach du liebe Güte! Daneben kann man sich schnell unzulänglich fühlen.

Aber weißt du was? Ich denke, dass es in diesem Textabschnitt nicht darum geht, dass wir uns alle abstrampeln müssen, um perfekt zu leben, sondern darum, was passiert, wenn wir Gott unser Herz schenken. Wenn wir ihn von ganzem Herzen lieben und ihm erlauben, uns immer mehr in sein Bild zu formen. Denn dann entsteht Schönheit. Und diese Schönheit, die aus einem veränderten Herzen kommt, wird nach außen hin sichtbar und verändert die Art und Weise, wie wir leben. Unser Leben ist dann geprägt von dem Wirken des Heiligen Geistes und seiner Kraft in uns.

Von dieser wundervollen Frau wirst du in meinem Buch immer wieder lesen, weil sie für mich einfach so eine tolle Inspiration in weiblicher Schönheit ist.

Dem nächsten Tag zulachen

Zum Thema Freude lesen wir über sie:

Kraft und Hoheit sind ihr Gewand, und unbekümmert lacht sie dem nächsten Tag zu.
Sprüche 31,25 (ELB)

Kannst du ihr ansteckendes Lachen hören? Kannst du sehen, wie sie sich gerade zu uns umdreht? Ein Blick in ihr Gesicht fühlt sich an wie ein rosaroter Sonnenaufgang. Ihre Augen funkeln verspielt und gleichzeitig warmherzig. Ihr Blick? Liebe pur.

Kleine Linien an den Mundwinkeln und Augen verraten ihr regelmäßiges Lächeln. Ich bin fasziniert von ihr. Sie strahlt mit einer ganz besonderen Schönheit, die sich von innen heraus ihren Weg nach außen bahnt und einfach nicht zu übersehen ist.

Unbekümmert lacht sie, als gäbe es keine Angst in ihrem Leben.

Wie kommt es, dass sie sich keine Sorgen um all das macht, was das Leben eventuell noch so an Schlechtem für sie bereithält? Wie kann sie sich ihre Freude und Leichtigkeit nicht von miesen Gedanken verderben lassen? Sie wirkt so souverän. Voller Kraft und Hoheit. Als stünde sie über den Sorgen des Lebens ...

Ich frage sie nach ihrem Geheimnis. Ihre prompte Antwort: Sie weiß, dass sie einen liebenden Gott hat, der für sie sorgt. Deshalb kann sie zufrieden ruhen.

Faszinierend, oder? Ist sie nicht ein wundervolles Beispiel für Zufriedenheit und Freude? Ich bin zwar meilenweit davon entfernt, so entspannt zu sein wie sie, aber ich möchte in diesem Bereich gerne mehr von ihr lernen. Auch ich möchte dem nächsten Tag, der nächsten Woche oder dem nächsten Jahrzehnt zulachen, weil ich darin ruhen kann, dass mein Gott auch dann noch treu zu mir stehen und mich versorgen wird.

Wer Gott als liebendem Vater vertrauen kann, hat weniger Sorgen im Leben. Leider ist das mit dem Gottvertrauen nicht immer so ganz einfach, oder? Zumindest fällt es mir immer wieder schwer, mich einfach so vertrauensvoll in seine Hände fallen zu lassen.

Die Angst vor dem, was eventuell eintreffen könnte, nimmt Lebensqualität. Die Angst vor einem schweren Morgen zerstört die Schönheit des Heute. Jesus wusste genau um den Hang des Menschen, sich zu sorgen, als er diese tröstenden und dennoch auch ermahnenden Worte sagte:

Macht euch keine Sorgen um das, was ihr an Essen und Trinken zum Leben und an Kleidung für euren Körper braucht. Ist das Leben nicht wichtiger als die Nahrung, und ist der Körper nicht wichtiger als die Kleidung? Es soll euch zuerst um Gottes Reich und Gottes Gerechtigkeit gehen, dann wird euch das

Übrige alles dazugegeben. Macht euch keine Sorgen um den nächsten Tag!

Matthäus 6,25.33.34 (NGÜ)

Gott verspricht, mir jeden Tag genau das zu geben, was ich brauche. Er lässt mich nicht im Stich. Er übersieht mich nicht. Er weiß, was ich brauche, was ich mir von Herzen wünsche. Kennt meine Pläne. Und er liebt mich über alles, will mein Bestes und lässt mich nicht allein.

Ich glaube, dass für tiefes Gottvertrauen Nähe zu Gott notwendig ist. Je besser ich ihn kenne, desto leichter wird es mir fallen, ihm zu vertrauen. Weißt du, ich kann so leicht die Wahrheit aus den Augen verlieren, wie gut Gott ist. Meine menschliche Vorstellung reicht oftmals nicht aus, seine unermessliche Güte zu begreifen.

Geht es dir auch manchmal so? Dazu kommt dann natürlich noch, dass der Feind gerade in diesen Momenten besonders gerne einhakt, um uns zu verunsichern. Wie gerne sät er Zweifel, ob Gott wirklich so gut ist. Listig hinterfragt er, ob Gott wirklich nur das Beste für uns im Sinn hat. Ob er wirklich immer für uns da sein wird.

Wenn es dir wie mir auch immer wieder schwerfällt, unbekümmert zu lachen, weil die Sorgen vor dem Morgen auf dir lasten, dann laufe in die Arme deines himmlischen Vaters. Verbringe Zeit in seiner Nähe, lerne ihn besser kennen durch sein Wort, rede mit ihm durch Gebet und lausche auf die sanfte Stimme des Heiligen Geistes in deinem Leben.

Je besser du Gott kennenlernst, desto mehr wirst du wissen, dass er wirklich gut ist und gut handelt. Je überzeugter du davon wirst, desto leichter wirst du ihm vertrauen können. Und je sicherer du dich in seinen Händen fühlst, desto unbekümmerter und fröhlicher wirst du sein.

Sorgen sind eigentlich nichts weiter als Zeitverschwendung. Die Sprüche-31-Frau weiß das sicher und will ihnen nichts von ihrer kostbaren Zeit opfern. Sie tut, was in ihrer Macht steht, um gut für ihre Familie und sich zu sorgen – und den Rest? Den überlässt sie Gott, ihrem Versorger, während sie selbst in seiner Liebe ruht.

Und was ist mit dem in ihrem Leben, das sie nicht ändern kann? Damit hat sie anscheinend auch Frieden geschlossen – schließlich kann sie unbekümmert lachen. Noch ein weiterer Punkt, von dem ich so viel lernen kann. Das zu ändern, was ich kann, und dann Gott zu vertrauen und Frieden zu schließen mit allem anderen.

So schön und gleichzeitig so schwer. Denn weißt du, wie es bei mir mit der Zufriedenheit gewöhnlich so läuft? Eher so ...

Die Sache mit der Zufriedenheit

Einfach perfekt. Ich bin glücklich. Dieses Schnäppchen hat echt meinen Tag gerettet!

Wie eine Löwin auf der Jagd pirschte ich durch das Shoppingcenter. Gerüstet mit meiner Handtasche und genauen Vorstellungen im Kopf stellte ich mich der Herausforderung, das perfekte Outfit für ein besonderes Event zu erbeuten. Einiges in meiner minimalistischen Garderobe hatte sich aufgetragen und nun musste langsam etwas Neues her.

Und die Jagd war erfolgreich. Ich spürte nicht nur ein wunderhübsches Kleid auf, ich erhaschte ein wunderhübsches *reduziertes* Kleid. Durch und durch zufrieden über meine Beute erkämpfe ich mir nun den Weg durch die Massen zurück zum Parkplatz.

Der perfekte Schnapper beim Shopping. Manchmal scheint es, dass es gar nicht so schwer ist, glücklich zu sein, oder? Das Baby hat durchgeschlafen. Der gelungene Familienausflug. Eine gut sitzende Frisur, die den ganzen Mamaalltag überlebt hat und selbst am Abend noch existiert ...

Aber: Ist dir auch schon aufgefallen, wie schnell unsere Zufriedenheit und Freude wieder futsch sein können? Weißt du, was häufig passiert, nachdem ich ein tolles neues Kleidungsstück gefunden habe und mich darüber freue? Kurz danach sehe ich ein anderes, das mir förmlich zuruft, dass es mir so gut stehen würde und gerne in meinen Kleiderschrank einziehen würde. Auf einmal merke ich nicht mehr viel von diesem zufriedenen Gefühl, das ich doch erst letztens bei meinem Shoppingtrip hatte.

Ein kleiner Tipp am Rande: Minimalismus im Kleiderschrank, also eine sogenannte *Capsule Wardrobe* (dazu erzähle ich dir am Ende des Buches noch mehr), kann hier sehr helfen. Auch wenn sich Unzufriedenheit natürlich auch hier und da bei Minimalisten einschleicht ...

Eigentlich so traurig, oder? Obwohl ich so viel Grund zum Danken habe, bahnen sich Gedanken der Unzufriedenheit doch immer wieder einen Weg in mein Herz. Was steht der Zufriedenheit in meinem Leben eigentlich so im Weg?

Um es einmal vorwegzunehmen: Es sind *nicht* die Umstände. Das ist die größte Lüge, die ich in diesem Zusammenhang glauben könnte! Ich meine oft, dass ich zufriedener wäre, wenn dies oder das anders laufen könnte. Aber ganz ehrlich: Das wäre ich nicht. Leider sind wir Menschen ziemlich gut darin, uns immer wieder neue Dinge zu wünschen.

Zufriedenheit ist etwas, was man lernen *kann* und in gewisser Weise auch lernen *muss*. Sie fällt uns leider nicht einfach so zu. Der Apostel Paulus schreibt in seinem Brief an die Philipper:

Ich sage das nicht etwa wegen der
Entbehrungen, die ich zu ertragen hatte;
denn ich habe gelernt, in jeder Lebenslage
zufrieden zu sein. Ich weiß, was es heißt, sich

einschränken zu müssen, und ich weiß, wie es ist, wenn alles im Überfluss zur Verfügung steht. Mit allem bin ich voll und ganz vertraut: satt zu sein und zu hungern, Überfluss zu haben und Entbehrungen zu ertragen. Nichts ist mir unmöglich, weil der, der bei mir ist, mich stark macht.

Philipper 4,11-13 (NGÜ)

Paulus erzählt, dass er gelernt hat, zufrieden zu sein – und zwar ganz unabhängig davon, ob er etwas hat oder nicht. Paulus kann zufrieden sein, weil Jesus ihm die Kraft dazu gibt. Mit Jesus kann auch ich lernen, zufrieden zu sein. Ich darf ihn bitten, mir dabei zu helfen.

Ist es nicht genial, dass wir bei dieser schwierigen Aufgabe, die der menschlichen Natur eigentlich entgegensteht, nicht auf uns allein gestellt sind? Wir haben Jesus an unserer Seite. Mit seiner göttlichen Kraft kann er uns zufrieden und glücklich machen, und um diese Kraft dürfen wir ihn bitten.

Als viele Sorgen mich quälten,

erfüllte dein Trost

mein Herz mit Freude.

Psalm 94,19 (NGÜ)

Praktische Tipps, wie du Zufriedenheit ausleben kannst

Triff eine Zufriedenheits-Entscheidung

Wenn ich doch ein paar Kilo leichter wäre, wäre ich zufrieden ...
Wenn mein Baby endlich durchschliefe, wäre ich zufrieden ...
Wenn mein Großer endlich aufhören würde, ständig mit mir über das Gemüse auf dem Teller zu diskutieren, wäre ich zufrieden ...
Wenn mein Mann mehr Zeit für mich hätte, wäre ich zufrieden ...
Wenn wir ein eigenes Haus hätten, wäre ich zufrieden ...

Wie oft gehen einem nicht solche Gedanken durch den Kopf? Sehr oft knüpfen wir unsere persönliche Zufriedenheit an Bedingungen. Manchmal kann man sich einfach nicht vorstellen, wie man zufrieden sein soll, ohne dass sich erst einmal vorher etwas ändert.

Allerdings hängt Zufriedenheit nicht von Bedingungen ab. Ganz im Gegenteil: Wenn ich immer darauf warte, dass die Umstände mir zusagen, kann ich sehr, sehr, sehr lange warten. Denn das wird auf dieser Erde nie passieren – es kann immer irgendwo besser laufen. Auf diesem Weg werde ich nie zufrieden und glücklich werden.

Zufriedenheit ist eine Entscheidung – meine ganz persönliche Wahl, mit den Umständen zufrieden zu sein. Diese Zufriedenheit hängt nicht von der Art und Weise ab, wie andere mit mir umgehen, sondern wie ich mit dem umgehe, was auf mich einströmt. Ich darf lernen, mich aktiv für die Zufriedenheit zu entscheiden. Zufriedenheit und Freude hängen nicht am Wörtchen „wenn".

Meine Liebe, warte nicht, bis die Voraussetzungen stimmen. Warte nicht mit der Zufriedenheit, bis sich irgendetwas erfüllt. Zufriedenheit ist etwas, was man wählen kann. Versuche, unabhängig von den Umständen zufrieden zu sein. Wähle die Zufriedenheit, die Freude, die bei Jesus ist – entscheide dich, glücklich zu sein! Es liegt in deiner Hand!

Sei nun wieder zufrieden, meine Seele;
denn der HERR tut dir Gutes.
Psalm 116,7 (LU)

Dieser Psalm-Dichter appelliert an sich selbst, zufrieden zu sein. Es ist, als ob er sich selbst in den Hintern tritt, um sich auf den richtigen Kurs zu bringen. Nach dem Motto: „Jetzt ist Schluss. Ich will wieder zufrieden sein. Ich entschließe mich jetzt dafür. Punkt."

Vielleicht fragst du dich jetzt: Ja, aber wie? Wie wähle ich Zufriedenheit, wenn es in meinem Herzen so nagt und zieht? Der Kopf will, aber das Herz kommt nicht hinterher – wie so oft im Leben. Ich glaube, dass es schwer ist, ein Patentrezept dazu zu geben mit Schritt 1, Schritt 2 usw. Ich glaube, dass es eher viele kleine Mini-Entscheidungen sind, die man immer wieder hier und da trifft. Ein Beispiel dazu sind meine Eltern:

Mein größtes Vorbild in diesem Bereich ist meine Mama. Sie hat schon viel in ihrem Leben mitmachen müssen, unter anderem auch zwei Krebserkrankungen. Wenn jemand Grund zum Jammern hätte, wäre sie es. Aber ich kenne wahrscheinlich keinen Menschen, der so optimistisch ist wie sie. Sie entscheidet sich dafür, immer das Gute zu sehen, und weigert sich, in Pessimismus und Schwersinn zu verfallen. Ich finde das so wunderbar. Sie ist ein Mensch, in dessen Gegenwart man gerne ist, weil sie eine freundliche und zufriedene Ausstrahlung hat. Es könnte auch so anders sein.

Ähnlich bei meinem Papa. Auch er hat schon so einiges Schwere erlebt und wirklich keine schöne Kindheit gehabt. Aber auch er ist ein total fröhlicher und witziger Mensch. Beide entscheiden sich immer wieder bewusst gegen das Jammern und Klagen und wählen die Zufriedenheit. Das beeindruckt mich total, sie sind mir beide große Vorbilder, von denen ich lernen möchte.

Sieh deine Einzigartigkeit

Aus dem Kinderzimmer ertönt ein Kreischen. Ein wütendes Kreischen. Kein „Ich-hab-mir-wehgetan-bitte-tröste-mich-Kreischen“, sondern ein „Ich-will-das-jetzt-unbedingt-und-überhaupt-bist-du-doof-Kreischen“. Na toll! Eigentlich hatte ich mich grad so auf meinen Kaffee und einen kleinen ruhigen Moment auf dem Balkon in der Frühlingssonne gefreut. Wetten, die Tasse voll Genuss wird lauwarm sein, bis dieser Geschwisterstreit geklärt ist?

Ich raffe mich auf und steuere das Kinderzimmer an. Was für ein ohrenbetäubender Lärm! Und tja, was für eine Überraschung: Meine Kinder streiten sich grad zum x-ten Mal um dieses eine Auto. Echt jetzt? Als ob nicht genug Spielzeugautos den Kinderzimmerboden bevölkern würden ...

Wieso ist das so? Wieso kann mein Sohn absolut zufrieden und glücklich mit einem Auto spielen, bis ... ja, bis er seinen Bruder mit einem anderen Auto sieht? Auf einmal ist sein Auto blöd! Da hilft dann auch das beste Zureden nichts mehr. Jetzt will er nur noch das begehrte andere Auto seines Bruders. Auf einmal ist die ganze Welt ungerecht zu ihm und der Streit vorprogrammiert.

Ist es häufig nicht auch bei uns Erwachsenen genauso? Wir

sind glücklich mit dem, was wir sind und haben, bis wir auf andere schauen. Wie schnell wird das, was uns vorher noch glücklich gemacht hat, in unseren Augen auf einmal uninteressant oder sogar schlecht? Das Gras beim Nachbarn ist bekanntlich ja immer grüner als in meinem Garten. Das sehe ich bei meinen Kindern praktisch jeden Tag.

Mein Mann hat unsere Kinder einmal gefragt: „Seid ihr glücklich, wenn ich jedem von euch einen Schokoriegel gebe?"

Alle antworteten wie aus einem Mund: „JA!"

„Wenn ich aber einem von euch zwei Schokoriegel gebe. Seid ihr dann auch noch glücklich?"

Da sagten alle wieder mit einer Stimme: „NEIN!"

„Wieso seid ihr dann nicht mehr glücklich? Ihr seid doch so oder so beschenkt worden."

„Weil ja dann einer mehr bekommen hat als die anderen", erklärte ein Kind für alle anderen.

Tja, vielleicht schmunzeln wir etwas darüber, aber ich muss mich unweigerlich fragen: Bin ich denn anders? Kann ich es nicht auch ganz schwer stehen lassen, wenn ich mich benachteiligt fühle? Bei mir ist es vielleicht nicht immer etwas Materielles wie das Spielzeug für die Kinder. Es kann sein, dass ich mir stattdessen die Äußerlichkeiten oder Fähigkeiten meiner Freundinnen wünsche, weil die eine so viel schlanker ist als ich, die andere viel besser singen kann und die dritte viel mutiger ist, Fremden von Jesus zu erzählen.

Lass uns aber mal den Blick von dem wegwenden, was uns scheinbar fehlt:

Ist dir bewusst, wie wundervoll du von deinem Schöpfer erdacht und geschaffen wurdest? Wir müssen uns nicht mit anderen messen und unsere Fähigkeiten oder Geschenke mit denen von anderen vergleichen. Denn jeder von uns ist einzigartig, jeder ist einmalig und mit besonderen Gaben und Fähigkeiten beschenkt worden!

Entdecke das Besondere an dir, das Gott in dich hineingelegt hat. Er hat dich wunderbar und perfekt erdacht. Finde heraus, was genau du gut kannst! Was geht dir leicht von der Hand? Wo geht dir das Herz auf? Und dann konzentriere dich auf diese Stärke und schiele nicht auf die Stärke deiner Freundin oder die Gaben der Pastorenfrau.

Wir können so schnell den Blick für unsere Segnungen verlieren, wenn wir zu lange bei dem verharren, was Gott anderen gegeben hat. Und das raubt uns dann ein fröhliches Herz und damit unser glückliches Strahlen, das uns schön macht.

Als einer meiner Söhne noch ein Neugeborenes war, war er unglaublich gierig nach seiner Milch. Seine Gier war so groß, dass er selbst noch unzufrieden war, wenn ich ihn zum Stillen anlegte. Die Zeit und Mühe, die für ein Baby notwendig ist, um die Milch zu saugen, war ihm schon zu viel und zu lang. So schrie er aus voller Seele selbst mit der Milchquelle direkt vor seinem Mund. Vor lauter Schreien begriff er nicht, dass die Milch eigentlich direkt vor ihm war. Alles, was er hätte tun müssen, war, mit dem Schreien aufzuhören und stattdessen zu saugen.

Ich glaube, dass wir häufig genauso reagieren wie der kleine Kerl. Wie schreien uns so sehr in Rage, weil wir uns benachteiligt fühlen und davon überzeugt sind, dass es aller Welt besser geht als uns, dass wir das Gute, das direkt vor unserer Nase ist, gar nicht mehr sehen.

Vielleicht ist es für die ein oder andere von uns an der Zeit, einmal die Augen zu öffnen – für all die Geschenke, die Gott uns schon gemacht hat. Vielleicht haben wir nicht genau das, was wir uns gerade so sehr wünschen. Aber dafür haben wir andere Dinge, die auch nicht selbstverständlich sind.

Gott ist ein guter Vater, der die Geschenke für seine Kinder mit Bedacht und Liebe auswählt. Es hat einen Grund, warum du das eine nicht hast, aber dafür mit etwas anderem beschenkt bist. Auch hier hilft es, sich immer wieder vor Augen zu malen, wie gut Gott ist und wie sehr er liebt. Wenn dir das in einem bestimmten Bereich schwerfällt, bitte Gott, dir die Augen zu öffnen für den Reichtum in deinem Leben. Wir müssen und können das alles nicht aus uns allein heraus meistern. Wir sind so sehr auf Gnade angewiesen und haben dabei einen liebenden Vater, der uns so gerne hilft.

Findest du ein strahlendes Lachen auch so attraktiv?

Sehnst du dich nach Gottes Nähe und danach, von ihm verändert zu werden?

Hast du dieses Jesus-Leuchten schon mal in den Augen von Glaubensgeschwistern gesehen?

Wer inspiriert dich zu tiefer Freude?

Was steht der Zufriedenheit in deinem Leben im Weg?

Kannst du Gott vertrauen, dass er es gut mit dir meint?

Siehst du deine Einzigartigkeit? Das Wundervolle, das Gott in dich hineingelegt hat?

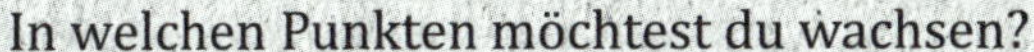

In welchen Punkten möchtest du wachsen?

Action Step

Bestimmt ist dir bei der obigen Frage eine Person eingefallen, die dir ein Vorbild in Bezug auf Freude und Zufriedenheit ist. Jemand, der dir durch seine fröhliche Ausstrahlung einfach total sympathisch ist.

Frag diese Person doch, ob ihr euch nicht mal treffen könntet. Sag ihr, dass du fasziniert bist von ihrer Zufriedenheit und Freude und dass du gerne von ihr lernen würdest, wie sie trotz der Schwierigkeiten, die das Leben mit sich bringt, zu so einem Menschen geworden ist.

Bestimmt wirst du ein faszinierendes Gespräch führen, das du nie wieder vergessen wirst.

3

Ein mutiges Herz

EIN STARKER GLAUBE MACHT DICH SCHÖN!

Du darfst mutig sein

Meine Liebe!

Wusstest du eigentlich, wie wunderschön und anmutig du bist, wenn du im Vertrauen auf mich mutige Schritte im Glauben wagst? Glaube mir: Eine Frau, die mutig die Berufung lebt, für die ich sie geschaffen habe, die zuversichtlich im Vertrauen auf mich weitergeht, wo andere ängstlich stehen bleiben, die mich durch ihr Vertrauen in Herausforderungen ehrt, ist einfach nur wundervoll. Denn sie ist eine Frau nach meinem Herzen. Ihre Schönheit ist nicht zu übersehen.

Du darfst mutig sein und in Kraft durch diese Welt gehen.

Denn du bist nicht auf deine Kraft angewiesen, sondern darfst aus meiner Kraft leben. Allein dadurch ist ein kraftvolles Leben überhaupt erst möglich. Deine menschlichen Kräfte und Energiereserven sind so klein und begrenzt – dadurch wirst du immer wieder an deine Grenzen stoßen. Aber bei mir ist unendliche Schöpferkraft. Und mit dieser möchte ich dich gerne ausstatten.

Du darfst mutig sein und ohne lähmende Angst durch diese Welt gehen.

Denn du bist nicht allein. Du hast mich! Weil ich bei dir bin, ist nichts zu groß oder zu gefährlich für dich. Ich weiß, dass dir so viele Dinge Angst einjagen, aber in meinen Armen darfst du ruhig werden und diese Angst abgeben.
Ja, manche Erlebnisse und Situationen sind angsteinflößend und schwer. Aber ich werde nichts in deinem Leben zulassen, was du mit meiner Hilfe und Kraft nicht angehen könntest.
Ich lasse dich niemals allein!

Du darfst mutig sein und voller Vertrauen durch diese Welt gehen.

Lass dich einfach in meine Hände fallen. Denn ich bin allmächtig. Vertraue mir mit deinem ganzen Herzen und mit deinem ganzen Verstand. Auch dann, wenn es keinen Sinn zu ergeben scheint.
Ich bin am Werk – in deinem Leben, aber auch in der ganzen Schöpfung. Ich bin nicht tatenlos, sondern aktiv. Und ich habe das Beste für dich im Sinn. Auch dann, wenn dir meine Wege zunächst nicht gefallen.
Vertraue mir, dass ich einen Plan habe. Einen wundervollen Plan mit deinem Leben.

Dein himmlischer Papa

Du bist stark, wenn Gott durch dich wirkt

Sie ist mutig. Sie ist stark. Sie ist einzigartig. Es gibt niemanden, der so ist wie sie. Sie setzt sich für Schwache und Benachteiligte ein. Unrecht kann sie nicht ertragen. Sie scheut ungemütliche Konfrontationen nicht. Sie lässt sich nicht einschüchtern. Meine Kinder lieben sie. Verschlingen ihre Geschichten und Abenteuer. Immer wieder soll ich ihnen von ihr vorlesen. Meine große Tochter möchte regelmäßig die gleiche Frisur tragen wie sie.

Weißt du, von wem ich rede? Ja, genau: Pippi Langstrumpf. Eine Erfindung der weltbekannten Kinderbuchautorin Astrid Lindgren. Pippi ist ein kleines rothaariges Mädchen mit Zöpfen, viel zu großen Schuhen und Bärenkräften. Niemand ist stärker und mutiger als sie. Und auch, wenn ich persönlich meine Haare lieber anders trage, so wünsche ich mir, in anderen Dingen mehr so zu sein wie sie.

Ich wäre auch gerne so mutig. Wie schnell jagen mir die Herausforderungen des Lebens Angst ein. Sorgen drohen mich zu überrollen. Die „Was-wäre-wenn-Frage" quält mich immer wieder. Ich wäre auch gerne so stark. Wäre gerne sicherer. Warum schaffen andere immer so viel? Warum stehen mir meine Grenzen ständig vor Augen? Jeder Tag meines Lebens vermittelt mir dieselbe deprimierende Wahrheit. Manchmal leise flüsternd, kaum wahrnehmbar. Manchmal aber auch so laut, dass mir die Ohren abfallen:

„Ich bin nicht stark genug! Ich bin nicht mutig genug! Ich kann nicht genug leisten!"

Es fängt schon morgens früh an: „Warum habe ich es wieder nicht geschafft, zehn Minuten früher aufzustehen? Dann müssten wir uns alle jetzt nicht so hetzen. Warum habe ich nicht noch gestern Abend schnell Ordnung in der Küche gemacht? Dieser Spülberg erschlägt mich. Warum war ich nicht mutig genug, freundlich abzulehnen, Nein zu sagen, als ich gebeten wurde, morgen noch das Krabbelgruppentreffen zu organisieren und anzuleiten? Das wird mir alles zu viel. Wann soll ich das noch reinquetschen?"

Ich möchte so gerne eine starke und mutige Frau sein. Aber leider muss ich immer wieder feststellen, dass ich es einfach nicht bin. Ganz besonders natürlich, wenn es um meine Kinder geht – denn dann bin ich besonders ängstlich.

Ich gehöre leider nicht zu den Mamis, die absolut gechillt auf dem Spielplatz mit anderen Frauen quatschen können, während ihre Kleinen klettern, was das Zeug hält. Ich bin die angespannte Mama, die neben ihren kletternden Kindern steht und sagt: „Pass bitte auf!" Und ehrlich gesagt würde ich mir wünschen, selbst in diesen kleinen Mama-Momenten wenigstens etwas mutiger zu sein.

Kennst du diese Gedanken? Du möchtest etwas im Leben erreichen, aber du merkst, wie dir einfach immer viel zu schnell die Puste ausgeht? Du möchtest alles perfekt machen, aber siehst deine eigene Unzulänglichkeit? Du fasst am 1. Januar die besten Vorsätze, aber weißt am 31. Januar schon gar nicht mehr, wie sie überhaupt gelautet haben?

Herzlichen Glückwunsch! Du bist in bester Gesellschaft!

Wir sind Menschen. Menschen, die ständig an ihre Grenzen stoßen. Menschen, die ständig feststellen müssen, dass ihnen Dinge zu schwer, zu viel, zu angsteinflößend, zu unsicher oder zu gefährlich werden. Wir wären so gerne rund um die Uhr starke und mutige Frauen. Aber uns fehlen oft die Kraft und der Mut dazu.

Was ist die Lösung?

Man kann sich das so vorstellen wie bei technischen Geräten: Ohne das Kabel, das meinen Laptop, an dem ich gerade dieses Buch schreibe, mit der Steckdose verbindet, würde er bald ausgehen. Um ihn am Laufen zu halten, braucht es Energie. Diese Energie wandert durch das Kabel von der Steckdose bis zu meinem Laptop. Genauso ist es mit Gott: Auch er will seine Energie, seine Kraft in uns hineinleiten und daraus etwas Großartiges bewirken. Wir sind wie ein „Laptop" in Gottes Hand. Ich weiß ... der Vergleich ist schräg. ☺ Aber die Message dahinter ist so wichtig für uns. Gott leitet seine Energie gern „in uns hinein", aber es liegt an uns, uns über das Kabel mit ihm zu connecten.

Ich war schon immer fasziniert von Frauen, die mutig im Glauben vorwärtsgehen. Die Wunder für möglich halten, wo andere nur Mauern sehen. Die in Gottes Kraft weitermachen, wenn andere frustriert und müde aufgeben. Die für Wahrheit und Gerechtigkeit aufstehen, wenn andere vor Angst einknicken. Von diesen Frauen geht eine ganz besondere Schönheit aus: Die Schönheit, die ein felsenfester Glaube in sie hineinlegt.

Ich möchte dir in diesem Kapitel gerne eine Frau aus der Bibel vorstellen, die Gott erlaubt hat, durch sie zu wirken. Die Großes mit ihm erlebt hat, obwohl sie selbst immer wieder zweifelte und schwach war.

Weißt du, was ich an ihr und der ganzen Geschichte so faszinierend finde? Sie ist ein wundervolles Beispiel für das liebevolle und gnädige Wirken unseres Gottes, der sich immer wieder entscheidet, durch schwache und fehlerhafte Menschen Wundervolles zu bewirken. Er liebt es, seine Kraft in dem Schwachen groß werden zu lassen. Auf diese Weise bekommen wir einen kleinen Einblick in seine unfassbare Größe. Und wir sehen, wie er durch sein Wirken in uns arbeitet und uns damit sich selbst ähnlicher macht.

Denn gerade dann, wenn ich schwach bin,
bin ich stark.
2. Korinther 12,10b (NGÜ)

Gott wirkt Wundervolles durch normale Menschen

Sie war eine Witwe. Als alleinstehende Frau hatte sie um 850 v. Chr. eigentlich kaum Möglichkeiten, sich finanziell abzusichern. Sie hatte anscheinend auch keinen Verwandten, der sie versorgte, und da es zu dieser Zeit im ganzen Land eine Hungersnot gab, waren sie und ihr Kind dem Hungertod preisgegeben. Wir lesen von ihr in 1. Könige 17,8-24 (Hfa):

Da sagte der HERR zu Elia:
„Geh nach Phönizien in die Stadt Zarpat
und bleib dort! Ich habe einer Witwe den
Auftrag gegeben, dich zu versorgen."
Sogleich machte Elia sich auf den Weg.
Am Stadtrand von Zarpat traf er eine Witwe,
die gerade Holz sammelte. (V. 8-10)

Elija, ein großer und bedeutender Prophet, wurde von Gott aufgefordert, zu dieser Witwe nach Phönizien zu gehen – im heutigen Libanon und Syrien. Wir kennen nicht einmal ihren Namen und dennoch erlebte sie mit Gott Unglaubliches:

Er bat sie um einen Becher Wasser. Als sie davoneilte und das Wasser holen wollte, rief er ihr nach: „Bring mir bitte auch ein Stück Brot mit!" (V. 10-11)

Bitte was?, stelle ich mir die Gedanken der Frau vor. *Ist der Mann verrückt? Jeder hier leidet unter der Hungersnot und dann besitzt er eine solche Dreistigkeit, mich, eine arme Witwe, um Wasser und Essen zu bitten?*

Was ist mit all den anderen hier? Alle haben mehr als ich – warum also gerade ich? Reicht es nicht, dass ich mich von meinem Mann verabschieden musste? Warum jetzt auch noch meine letzte Mahlzeit? Warum geht er nicht einfach zu meiner Nachbarin? Sie hat doch viel mehr als ich: einen Mann, viele Kinder, viele Felder und damit etwas mehr Nahrung. Warum kann sie nicht auch mal etwas entbehren?

Wieso schon wieder ich? Sieht dieser Kerl das denn nicht? Warum schickt Gott ihn mit so einem unmöglichen Auftrag ausgerechnet zu mir? Mitten in der Hungersnot, in meiner Armut, Einsamkeit und Hoffnungslosigkeit! Warum hat Gott gerade mich dazu ausersehen? Warum ich? Ich habe doch nichts übrig!

So oder so ähnlich könnten die Gedanken der Witwe gewesen sein.

In der Bibel lesen wir dazu weiter:

Da blieb die Frau stehen und sagte: „Ich habe keinen Krümel Brot mehr, sondern nur noch eine Handvoll Mehl im Topf und ein paar Tropfen Öl im Krug. Das schwöre ich bei dem HERRN, deinem Gott. Gerade habe ich einige Holzscheite gesammelt. Ich will nun nach Hause gehen und die letzte Mahlzeit für mich und meinen Sohn zubereiten. Danach werden wir wohl verhungern." (V. 12)

Aber der Prophet ließ nicht locker:

> *Elia tröstete sie: „Hab keine Angst, so weit wird es nicht kommen! Geh nur und tu, was du dir vorgenommen hast! Aber back zuerst für mich ein kleines Fladenbrot und bring es mir heraus! Nachher kannst du für dich und deinen Sohn etwas zubereiten. Denn der HERR, der Gott Israels, verspricht dir: Das Mehl in deinem Topf soll nicht ausgehen und das Öl in deinem Krug nicht weniger werden, bis ich, der HERR, es wieder regnen lasse." Die Frau ging nach Hause und tat, was Elia ihr gesagt .*
> *(V. 13-15)*

Unglaublich! Anstatt den Fremden mit einem „Es tut mir leid, ich kann nicht" abzuweisen, wie ich es vielleicht getan hätte, tat die Frau genau das, was er von ihr verlangte, und brachte ihm von dem Essen, das sie für sich selbst und ihren Sohn aufbewahrt hatte.

Was für ein Glaube! Was für eine Aufopferungsbereitschaft! Was für ein Vertrauen und Gehorsam gegenüber Gott! Obwohl sie nicht mit Sicherheit sagen konnte, ob sein Versprechen wirklich zutreffen würde, ging sie darauf ein. Wow! Ich frage mich, ob ich auch so einen Glauben an den Tag gelegt hätte, mich derart vertrauensvoll mit allen Konsequenzen in Gottes Fürsorge begeben hätte.

Ich glaube aber, genau darin liegt der Schlüssel! Um uns Gott für sein Wirken zur Verfügung zu stellen, ist es wichtig, uns ihm anzuvertrauen. Wir müssen aufhören, alles selbst in die Hand nehmen und planen zu wollen. Wir dürfen ihm den Stift überreichen und ihm erlauben, unsere Lebensgeschichte weiterzuschreiben.

Dazu gehören Vertrauen und jede Menge Mut.

Puh! Mir fällt das wirklich schwer. Ich bin ein Mensch, der gerne Dinge durchplant und eine Routine und Regeln liebt. Daran ist an sich auch nichts verkehrt. Entscheidend ist aber, dass ich mich nicht darauf versteife, sondern Gott erlaube, meine Pläne zu durchkreuzen. Dass ich jederzeit bereit bin, seine Wege zu gehen. Das ist eine große Herausforderung für mich.

Ich glaube, dass wir Menschen oft so bedacht darauf sind, unsere Träume zu leben, dass wir Gottes viel wundervollere Träume für unser Leben übersehen. Wir halten krampfhaft daran fest, weil wir Angst haben, dass wir sie verlieren oder sie nie wahr werden könnten.

Immer wieder spüre ich, wie Gott mich herausfordert, alle *meine* Träume, Ziele und Pläne ganz an ihn abzugeben, damit ich frei bin, *seine* Träume, Ziele und Pläne für mich zu erleben. Ich entdecke, wie sehr ich doch an vielen Träumen hänge und Angst habe, diese Bereiche meines Lebens ganz an ihn abzugeben.

Aber oft, wenn die Angst in mir hochkriecht, dass ich zu kurz kommen könnte, spüre ich das leise Flüstern meines Herrn in mir, der mich daran erinnert, dass *seine* Pläne für mich besser und größer sind, als ich jemals begreifen und erträumen könnte. Er hat nur das Beste für mich im Sinn. Aber um das Beste zu erleben, muss ich zuerst meine Vorstellungen in seine großen und liebenden Hände abgeben. Nur wenn ich meine Hand öffne und nicht krampfhaft an meinen Ideen festhalte, kann Gott seine Träume hineinlegen ...

Die Witwe von Zarpat erlebte genau das. Sie wollte nur noch die Henkersmahlzeit mit ihrem Sohn genießen, um dann zu sterben. Aber Gott hatte viel mehr mit ihr vor! Gott wollte sie, eine einsame und hoffnungslose Witwe, inmitten der größten Not gebrauchen. Sie sollte einen der bedeutendsten Propheten aller Zeiten versorgen.

Die Geschichte der Witwe ist ungeheuer ermutigend für mich. Wenn Gott durch Menschen, die in den Augen ihrer Umgebung nichts gelten, Großes bewirken kann, dann kann er das doch auch durch dich und mich, oder? Dann kann auch ich nicht zu gering, zu unbedeutend für ihn sein.

Die Witwe erfuhr, dass Gott auch in ihrem Leben wirken wollte. Dass er sie sie verändern, heiliger und dadurch schöner machen wollte.

Wenn ich mir ihren Glauben anschaue, fällt mir auf, was für sie ein Hindernis hätte sein können: Sie hatte keine Ahnung, wie das große Bild eigentlich aussah. Ist das nicht auch häufig unser Problem heute? Gott mutet uns Situationen zu, in denen ein mutiger Glaubensschritt gefordert ist. Eine Situation, die uns schleift – so, wie Rohdiamanten geschliffen werden. Er sieht das große Bild: dass er uns zur Rettung kommen wird. Dass er uns dadurch ihm ähnlicher und damit schöner macht. Dass er uns zu mehr Glanz schleift.

Aber was ist mit uns? Wir sehen all das nicht und fühlen uns überfordert, verängstigt, vielleicht sogar von Gott verlassen. Es ist schwer, in derartigen Situationen nicht mutlos zu werden, sondern weiterhin mutig zu glauben. So schwer!

Ich glaube, dass es genau deshalb so viele Berichte in der Bibel gibt, in denen wir über Gottes Wirken mit uns Menschen lesen können. In denen Gott uns das große Bild vorstellt, uns zeigt, dass er einen Plan hat. Dass er uns nicht vergisst. Aber auch, dass der Weg zu mehr Heiligkeit, mehr Schönheit, kein leichter ist, sondern einer, der uns alles abverlangt.

So auch bei der Witwe. Sie sollte verzichten. Sie sollte auf Gottes Kraft vertrauen! Und sie sollte ihre letzte Nahrung dem Propheten und damit Gott abgeben. Wie unfassbar schwer muss das gewesen sein? Eine lebensbedrohliche Situation. Doch als sie ihren kleinen Traum, ihre letzte Mahlzeit, einen winzigen Brotfladen, in Gottes Hand legte, gab er ihr unendlich viel zurück:

... tatsächlich hatten Elia, die Frau und ihr Sohn Tag für Tag genug zu essen. Mehl und Öl gingen nicht aus, genau wie der HERR es durch Elia angekündigt hatte. (V. 15-16)

Sie gab ihre mickrige Mahlzeit ab und erhielt ein Dauerabo an Lebensmitteln dafür! Gott beschenkte nicht nur sie für ihren Glauben, sondern auch ihren Sohn und Elija. Alle wurden durch dieses Wunder durch die gesamte Hungersnot hindurch versorgt und litten keinen Hunger mehr. Was für ein Wunder!

Die Witwe vertraute auf Elijas Gott, an den sie als heidnische Phönizierin bis dahin wahrscheinlich nicht glaubte, und durfte lernen, dass der Gott des Volkes Israels real war. Sie durfte erfahren, dass es sich lohnte, diesem Gott zu vertrauen, auch wenn seine Anweisungen irrational klangen.

Auch wir haben diesen wunderbaren Gott. Und er ist heute noch genau derselbe wie damals. Das haben wir als Familie schon häufig erlebt – Gott hat uns immer versorgt. Egal, wie kompliziert die Situation war oder wie eng die finanziellen Engpässe wurden.

Vor einigen Jahren ging unser Auto kaputt. Eine mittlere Katastrophe für uns, da wir zu diesem Zeitpunkt zwei kleine Kinder hatten, in einem Dorf auf dem Land lebten und das Auto täglich für den Weg zur Arbeit, für Einkäufe und alles Mögliche brauchten, aber keine Ersparnisse hatten, mit denen wir ein neues Auto hätten finanzieren können. Eigentlich ein Moment, in dem man in Sorgen zergehen könnte. Wir wussten, dass wir als Christen aufgefordert waren, uns keine Sorgen zu machen und darauf zu vertrauen, dass Gott uns versorgen würde. Das kann aber in solchen Situationen ganz schön herausfordernd sein!

Wir versuchten dennoch, so gut es ging, uns nicht zu sorgen und Gott im Gebet zu bitten, uns irgendwie zu helfen. Mein Mann und ich erinnerten uns gegenseitig, dass es für Gott ja kein Problem sei, uns zum Beispiel Geld in den Briefkasten zu werfen.

Und stell dir vor – bereits am nächsten Tag machten wir eine unglaubliche Entdeckung: Als mein Mann nach der Post schaute, entdeckte er in unserem Briefkasten einen Briefumschlag ohne Absender. Neugierig öffneten wir den Umschlag – und waren total von den Socken! 1000 Euro befanden sich darin!!!

Wir konnten es kaum glauben. Hatten wir wirklich richtig gesehen? Träumten wir? Selbst bis heute, viele Jahre später, wissen wir nicht, wer uns dieses Geld in den Briefkasten geworfen hat ...

Ich kann dir sagen ... Gott hat Humor und er versorgt seine Kinder heute noch genauso, wie er es schon immer getan hat! Dass er tatsächlich genau den Weg wählte, den wir einen Tag zuvor noch als rein theoretisch erwähnt hatten, um uns gegenseitig Mut zuzusprechen ... Wir krass ist das denn bitte?

Auch wenn diese 1000 Euro nicht vollständig für ein neues Auto reichten, so war dieses Geld der Startschuss, um uns aus dieser misslichen Lage zu holen. Und einige Zeit später konnten wir uns tatsächlich ein gebrauchtes Auto kaufen.

Und was ist mit meiner Schwachheit?

Wie ging es nun eigentlich mit der Witwe aus unserer Geschichte weiter? Oder war das schon das Happy End? In der Bibel lesen wir dazu:

Eines Tages wurde der Sohn der Witwe krank. Es ging ihm zusehends schlechter, und schließlich starb er. (V. 17)

Nein, es gibt noch kein Happy End! Die nächste große Lebensherausforderung kam auf die Witwe zu. Ihr einziger Sohn, ihr Ein und Alles, wurde ernsthaft krank und starb. Wie viel Not würde noch auf sie zukommen? Wie viel sollte sie noch erleiden? Warum ließ Gott das zu? Ihr Sohn war ihre Altersversorgung, ihre Rente. Nach menschlichem Ermessen hätte sie ohne ihn im Alter kaum eine Überlebenschance gehabt.

Ein verständlicher Gedanke, oder? Auch für uns heute. Aber Gott möchte, dass wir unsere Sicherheit allein von ihm beziehen. Er möchte unsere Hoffnung sein.

Versteh mich nicht falsch: Es ist nichts Schlechtes daran, wenn man für seine Zukunft vorsorgt. Im Gegenteil: Die Bibel fordert uns dazu auf, verantwortungsvoll zu leben. Besonders im Buch der Sprüche lesen wir eine Menge dazu. Aber wir sollen all das nicht zum Grundpfeiler unserer Sicherheit machen. All unsere Vorsorge steht auf wackeligen Füßen. Es kann so schnell alles zerbrechen. Wir betrügen uns selbst, wenn wir uns einreden, dass es anders sei. Aber auf Gott können wir immer uns verlassen. Gott wünscht sich, dass wir nichts vor ihm zurückhalten. Auch nicht das, was uns am wichtigsten im Leben ist.

Leider fällt es uns oft so schwer, Gott zu vertrauen. *Wenn ich Gott erlaube, mein Leben zu führen und zu gestalten, dann tritt bestimmt genau das ein, wovor ich mich am meisten fürchte.* Vielleicht kennst du diese Gedanken. Du hast Angst, Gott dein Leben bestimmen zu lassen, aus Sorge, dass er es anders machen wird, als du es dir wünschst. Und ja, Gott ist kein Wunschautomat. Seine Pläne mit uns sind manchmal anders als das, was wir uns wünschen.

Aber dennoch ist er auch unser liebender Vater, der weiß, ob das, was wir uns wünschen, auf das ganze Leben gesehen das Beste für uns ist. Gott liebt uns mehr, als wir uns selbst lieben! Wenn wir uns Erfüllung und Freude im Leben wünschen, dann wünscht sich Gott das erst recht für unser Leben!

Denn ich weiß, was für Gedanken ich über euch habe, spricht der HERR, Gedanken des Friedens und nicht des Unheils, um euch eine Zukunft und eine Hoffnung zu geben.

Jeremia 29,11 (SLT)

Ich hab es allerdings am liebsten immer einfach. Ohne Schwierigkeiten, Verletzungen, Krankheiten, Ängste ... Ich mag weder Herausforderungen noch Glaubensprüfungen oder Situationen, die mich reifer und Jesus ähnlicher machen.

Ich wünsche mir ein unbeschwertes Happy Life ohne Probleme. In der Theorie weiß ich natürlich, dass das unrealistisch ist. Und ich weiß auch, dass das Formen meines inneren Charakters, die Stärkung meines Glaubens und das „Jesus-ähnlicher-Werden" wichtiger ist als ein Happy Life. Aber gefallen tut mir das trotzdem nicht.

Ich glaube, dass es auf all das auch keine leichte Antwort gibt. Wir leben in einer gefallenen Welt voller Leid und Sünde. Auch wir Christen müssen durch die schmerzvollsten Täler gehen. Das ist nichts, was wir uns gerne vor Augen malen. Aber eigentlich wissen wir es ja: Hier ist nichts perfekt. Genau deshalb kam Jesus in diese verdorbene Welt – um uns aus ihr zu erlösen. Um den Weg frei zu machen zu einem wirklich wundervollen Ort, wo es kein Leid, keinen Schmerz und keine Tränen mehr geben wird. Das ist unsere lebendige Hoffnung als Christen.

Es gibt keine leichten Antworten, aber es gibt dennoch Trost. Damit ist Gottes Wort voll. Wir begegnen einem liebenden Gott, der uns echten Trost im Leiden schenken möchte. Aus eigener Kraft würden wir irgendwann am Schmerz zerbrechen, doch seine Nähe schenkt die Kraft, Schlimmes durchzustehen.

Starke, mutige Glaubenserfahrungen sind dabei längst nicht

immer so glorreich, wie wir uns das gerne vorstellen. Nicht selten sind sie geprägt von Zerbruch, Angst, Schmerzen und tiefsten Leiderfahrungen. Doch inmitten dieser Umstände ist Gott am Werk in uns. Dann, wenn wir aufs Äußerste mit unserer Schwachheit und Vergänglichkeit konfrontiert sind. Dann, wenn alles zerbricht. Dann, wenn alles schmerzt. Dann, wenn wir vor Tränen nicht mehr klar sehen können. Dann ist er am Werk an uns.

Edelsteine beginnen erst unter massivem Druck zu funkeln und ihre Schönheit zu entfalten. Genauso gibt es eine funkelnde Schönheit, die sich in unserem Leben erst unter massivem Druck entfalten kann. Eine Schönheit, die entsteht, wenn wir mit unserem Jesus durch die dunkelsten Täler unseres Lebens gegangen sind. Und wenn wir dort, im Kreuzfeuer, verändert worden sind – mehr in sein Bild. Nicht durch unsere Kraft, sondern durch das Wirken Gottes in uns.

Ich kann Trost darin finden, dass Gott selbst aus den Scherben meines Lebens etwas Schönes entstehen lassen kann. Dass der Zerbruch, das Leid, der Schmerz nicht zu furchtbar für ihn sind, um etwas daraus erstrahlen zu lassen. So, wie Gott aus dem furchtbaren Leiden und Sterben Jesu etwas Wunderbares und Schönes entstehen ließ – die Rettung der Welt.

Viele christliche Organisationen und Einrichtungen sind daraus entstanden, dass Menschen Leid erlebt haben und daraufhin denen helfen und eine Stütze sein wollten, die Ähnliches erleben. Dadurch ist an den verschiedensten Orten schon so ein Segen aufgeblüht. (kleiner Spoiler: So sollte es auch bei der Witwe von Zarpat sein ...)

Oft schenkt Gott uns die Gnade, dass wir zu unseren Lebzeiten mit eigenen Augen sehen dürfen, wie etwas Gutes aus unseren Leid entsteht. Manchmal ist es jedoch auch so, dass wir in diesem Leben nichts mehr davon sehen werden. Dass wir die Herausforderungen einfach aushalten müssen. Was wir in diesen Momenten aber haben, ist die Hoffnung auf eine ewige Herrlichkeit bei unserem Vater im Himmel. Ein Sehnen nach unserem wahren Zuhause.

Wie ging es nun mit der Witwe weiter? Wie reagierte sie auf den Tod ihres Sohnes? Am Anfang der Geschichte war ihre Versorgung bedroht gewesen, weil sie ihren Mann verloren hatte. In der Mitte der Geschichte wurde ihre Versorgung bedroht, weil das ganze Land eine große Hungersnot erlitt. Am Ende der Geschichte war ihre Versorgung bedroht, weil sie ihren Sohn verlor.

Zwischendrin hatte sie erlebt, wie Gott ihren Mangel ausgefüllt hatte. Jetzt war sie aufs Neue herausgefordert, ihm zu vertrauen, dass er das auch weiterhin tun würde, jetzt, wo sie ihre engste Familie und Altersversorgung verloren hatte. Wie war nun ihre Reaktion auf dieses Leid?

Da schrie die Mutter Elia an: „Was hast du eigentlich bei mir zu suchen, du Bote Gottes? Ich weiß genau, du bist nur hierhergekommen, um Gott an alles Böse zu erinnern, was ich getan habe! Und zur Strafe ist mein Sohn jetzt tot!" (V. 18)

Huch! War das dieselbe Frau, die kurz zuvor noch mit ihrer Hand in den Mehltopf gegriffen und das Öl aus dem Krug hatte fließen sehen? Was war mit ihrem Glauben passiert? Mit ihrer Bereitschaft, alles aus Gottes Hand anzunehmen?

Obwohl … eigentlich ist ihre Reaktion so menschlich. Kennst du solche Gedanken vielleicht auch? Dass Gott dich für deine Schuld bestrafen möchte? Dass er dir wehtun möchte, weil du gesündigt hast, während er selbst heilig ist? Wendest du dich vielleicht gerade in deiner Not von Gott ab? Denkst du, dass Gott dich bestrafen will? Und vergisst dabei, dass er Jesus an deiner und meiner Stelle schon für unsere Schuld bestraft hat?

Ich kenne solche Gedanken, ich weiß, wie es ist, ein schlechtes Bild von Gott zu haben und zu denken, dass Gott alles andere als barmherzig und liebevoll ist.

Doch Gott ist treu! So unglaublich treu! Er handelt trotz unserer Zweifel!

„Gib mir den Jungen!", erwiderte Elia nur, nahm das tote Kind vom Schoß der Mutter und trug es hinauf in die Dachkammer, wo er wohnte. Er legte den Jungen auf sein Bett und begann zu beten: „Ach, HERR, mein Gott, warum tust du der Witwe, bei der ich zu Gast bin, so etwas an? Warum lässt du ihren Sohn sterben?" Dann legte er sich dreimal auf das tote Kind und flehte dabei zum HERRN: „HERR, mein Gott, ich bitte dich, erwecke diesen Jungen wieder zum Leben!" Der HERR erhörte Elias Gebet, und das Kind wurde lebendig. Elia brachte ihn wieder hinunter, gab ihn seiner Mutter zurück und sagte: „Sieh doch, dein Sohn lebt!" Da antwortete die Frau Elia: „Jetzt bin ich ganz sicher, dass du ein Bote Gottes bist. Alles, was du im Auftrag des HERRN sagst, ist wahr." (V. 19-24)

Obwohl die Witwe gerade in einem Glaubenstief steckte, durfte sie Gottes Wirken in ihrem Leben erneut auf drastische Weise erleben. Sie war der erste Mensch, der erfahren durfte, dass Gott einen Angehörigen von den Toten auferweckt. Wo Tod Hoffnungslosigkeit bringt, schenkt Gott Hoffnung und neues Leben!

Für mich ist diese Geschichte unheimlich ermutigend, weil sie so deutlich zeigt, dass Gott durch unvollkommene Menschen wirken kann. Wir müssen uns nicht in einem Glaubenshoch befinden, um von Gott versorgt und gebraucht zu werden. Wir müssen nicht perfekt sein, um Gottes Wirken in unserem Leben entdecken zu können. Und wir brauchen uns auch nicht vormachen, immer stark sein zu müssen.

Er tut es. *Er* ist der Wirkende. Auch (und vielleicht gerade) dann, wenn bei uns nichts mehr geht. Wenn unsere „Unperfektheit“ sichtbar wird. Wenn unser Unglaube sich offenbart. Wenn unsere Sünde ihre hässliche Fratze zeigt. Dann ist Gott immer noch da und wirkt in seiner Gnade an uns. Egal, ob wir das gerade erkennen können oder nicht.

Darum lebe nicht mehr ich, sondern Christus lebt in mir! Mein vergängliches Leben auf dieser Erde lebe ich im Glauben an Jesus Christus, den Sohn Gottes, der mich geliebt und sein Leben für mich gegeben hat.

Galater 2,20 (Hfa)

Jesus lebt in uns, in Gottes Töchtern. Er wirkt und verändert in so vielen Wegen, die wir nicht erkennen können. Und das kann ein ungeheurer Trost sein.

Gehe dieses Leben mutig an

Wenn Gott durch unperfekte Menschen wirken kann, dann kann er es doch auch durch dich und mich, oder? Ist das nicht ermutigend?

Ein Leben in der Hingabe an Gott ist möglich, wenn man Gottes Kraft erlaubt, in einem zu wirken! Es ist ein (vielleicht vor Angst zitterndes) Ja zu seinem Wirken in meinem Leben. Sehnst du dich auch danach? Nach einem Leben, das kraftvoll ist durch Gottes Wirken?

Wenn man Gott freie Hand lässt, kann man nur staunen, was er aus einem scheinbar einfachen Leben oder einer ausweglosen Existenz machen kann. Viele Christen sind frustriert, weil sie immer wieder feststellen, dass sie es nicht schaffen, mit aller Kraft für Gott zu leben. Dabei wartet Gott die ganze Zeit darauf, dass wir ihm erlauben, mit *seiner* Kraft in unserem Leben zu wirken!

Es ist so wichtig, diese geistliche Wahrheit zu verstehen. Wir können aus uns heraus, mit unserer eigenen Kraft, keinen starken Glauben leben und keinen Unterschied in dieser Welt machen. Solange wir es versuchen, werden wir enttäuscht werden und frustriert die Flinte ins Korn werfen wollen. Ein kraftvolles geistliches Leben ist nur durch Gott möglich, nur sein Geist in uns kann diese Früchte in unserem Leben bewirken.

Wir dürfen lernen, mit allem zu Gott zu kommen und aus seiner Kraft zu leben. Wenn man sich Gott ganz hingibt, sind unmögliche Dinge möglich! Er hat einen Plan für unser Leben, der weit größer ist als alles, was wir uns vorstellen können:

> *Er sagt: Meine Gedanken*
> *sind nicht eure Gedanken,*
> *und meine Wege sind nicht eure Wege.*
> *Jesaja 55,8 (Hfa)*

Dieses kraftvolle Leben durch den Glauben macht so viel mit unserer Ausstrahlung – entspannte Gesichtszüge, keine Sorgenfalten auf der Stirn, keine verkrampften Kiefermuskeln, kein angespanntes Rückgrat, sondern ein federnder Gang ...

Es ist ein wundervolles weiteres Accessoire der unvergänglichen Schönheit. Aber nur Gott kann dir dieses Accessoire anlegen. Alles, was du tun musst, ist, ihn darum bitten. Gib ihm dein Ja zu seinem Wirken (auch, wenn du allen Mut dafür zusammennehmen musst), denn er tut es von Herzen gerne.

Es ist wie eine wunderschöne Kette, die er liebevoll um deinen Hals legt, um dich mit unvergänglicher Schönheit zu schmücken. Genau das lässt eine Frau mit einer wundervollen Schönheit strahlen. Der Schönheit eines starken und mutigen Glaubens.

Fürchte dich nicht,

denn ich stehe dir bei; hab keine Angst, denn ich bin dein Gott! Ich mache dich stark, ich helfe dir, mit meiner siegreichen Hand beschütze ich dich!

Jesaja 41,10 (Hfa)

Praktische Tipps, wie du Mut leben kannst

Wie kann man zu einer Frau werden, die die Schönheit eines kraftvollen Glaubens ausstrahlt? Und was kann man tun, wenn man daran zweifelt, ein solches Leben führen zu können? Ich habe hier ein paar Tipps zusammengestellt, die dir in diesem Punkt vielleicht eine Hilfe sein können.

Bete um Mut

Komm mit deinem Anliegen direkt zu Gott. Bitte Gott, dass er dich von deinen Ängsten und Sorgen befreit! Bitte ihn, dass er dir hilft, ihm ganz zu vertrauen! Bitte ihn, dass er dir hilft, dein Leben und deine Zukunft in seine liebenden Hände zu legen! Was dir vielleicht dabei helfen kann: Besprich einmal mit Gott, was das Schlimmste ist, was passieren kann – also das Worst-Case-Szenario. Und überlege dann mit ihm, wie du das überstehen kannst. Wenn man an diesen Punkt kommt, kann man auch alles andere ertragen.

Wir müssen Gott dabei übrigens nichts beweisen. Wir dürfen ihm, unserem lieben Vater, erzählen, wenn wir Probleme haben loszulassen. Er kennt uns durch und durch und weiß von unseren Glaubens- und Lebensherausforderungen. Und er will uns helfen. Aber er möchte auch, dass wir aktiv zu ihm kommen und ihn um Hilfe bitten. Er drängt sich nicht auf.

Bete um Mut und dann spring ins kalte Wasser! Tu das, was Gott sich von dir wünscht! So, wie du es erkannt hast – egal, was es ist. Auch dann, wenn es dir Angst macht. In seiner Liebe bist du sicher. Seine Liebe kann dich ruhig machen und dir deine Angst nehmen.

Wirkliche Liebe ist frei von Angst.
Ja, wenn Gottes vollkommene Liebe uns erfüllt, vertreibt sie sogar die Angst.
1. Johannes 4,18 (Hfa)

Bring Dinge in Ordnung

Vielleicht ist es für dich auch dran, einige Dinge in Ordnung zu bringen. Ja, ich weiß: Das ist herausfordernd und braucht eine Extraportion Mut. Aber es ist so wichtig, um befreit leben zu können. Wenn wir bei dem Beispiel mit dem Laptopkabel bleiben, wirkt sich verborgene Sünde in deinem Leben wie ein Wackelkontakt aus. Sie hindert den Energiefluss in deiner Beziehung zu Gott. Sie hindert dich daran, befreit zu leben, und sie behindert das Wirken Gottes in deinem Leben.

Auch, wenn es so schwierig ist: Fang an, klärende Gespräche zu führen, die schon viel zu lange ausstehen! Fang an, mit der Sünde in deinem Leben zu brechen, die dich schon seit Jahren lähmt! Was es auch ist – fang an!

Das Ergebnis wird es so, so wert sein. Geheilte Beziehungen, ein freies Gewissen, Schönheit im Umgang mit anderen – es lohnt sich! Und du bist nicht allein. Dein Jesus ist direkt bei dir. Du musst das nicht allein schaffen …

Und wenn du darüber hinaus auch noch menschliche Unterstützung brauchst, weihe vielleicht eine gute Freundin ein, die für dich beten kann.

Finde Vorbilder, die dich inspirieren

Häufig fühlt man sich genauso wie die Witwe von Zarpat: unbedeutend und mittellos, unbrauchbar und sooo weit weg von einem mutigen Glauben. Kennst du diese Zweifel?

Vielleicht kann dir die Geschichte der Witwe gerade dann Hoffnung geben. Sie erinnert uns daran, dass Gottes Maßstab für seine Mitarbeiter ganz anders ist als unser menschliches Denken. Er erwählt die Kleinen, Schwachen, Unbedeutenden und Verstoßenen.

Warum eigentlich? Ich denke, der eine Grund wird in einem Kinderlied deutlich, meinem Lieblingslied als Kind: *Ein kleiner Spatz zur Erde fällt.* Darin spricht eine Zeile davon, dass ich mir Gottes Liebe sicher sein kann, weil er selbst auf so kleine Dinge wie Spatzen achtgibt. Gott ist ein liebender Vater, der sich mit Begeisterung für alles Kleine und Schwache einsetzt.

Der zweite Grund schließt sich direkt daran an: Gott zeigt seine Macht an den Schwachen, damit für jeden klar ist, dass *er* der Wirkende ist, nicht der Mensch.

Wenn du dich zu gering und zu unfähig fühlst, um von Gott gebraucht zu werden, dann schaue dir die Menschen an, durch die Gott in der Geschichte mächtig gewirkt hat. Du wirst feststellen: Es sind alles ganz normale Menschen. Ich finde es unglaublich ermutigend und inspirierend zu sehen, was Gott im Leben anderer Menschen schon bewirkt hat. Ihre Geschichten sind eine große Motivation für mich, mich Jesus ganz hinzugeben.

Aber wie kann man solche Vorbilder finden?

1. *Bitte Gott, dass er dir die Augen öffnet, um seine Glaubenshelden zu sehen.*

Auch wenn geistliche Helden leider selten sind: Es gibt sie! Vielleicht übersehen wir sie manchmal, weil wir sie uns anders vorstellen. Vielleicht könnte die bescheidene Alleinerziehende aus deiner Gemeinde so eine geistliche Heldin sein, weil sie Gott täglich alles in ihrem Leben anvertraut. Auch die 59-jährige Lehrerin, die immer zwei Reihen vor dir im Gottesdienst sitzt, könnte eine solche Heldin sein. Vielleicht steht sie jeden Morgen früh auf und betet vor der Arbeit auf ihren Knien für ihre Familie, ihre Schüler und für ihre Gemeinde – und somit auch für dich!

Halte nach einer Frau Ausschau, die mit ihrem ganzen Sein Jesus ausstrahlt, durch die seine Schönheit sichtbar wird. Und dann frag doch einfach mutig, ob sie sich mal mit dir treffen und dir von ihrem Leben mit Jesus erzählen würde. Davon, wie sie mit Jesus durch Lebensherausforderungen geht, wie und wann sie ihre Bibel liest. Mit Sicherheit wird das eine große Inspiration für dich werden und dich ermutigen, Jesus mutiger zu vertrauen.

Und ganz nebenbei wird die Schönheit eines innigen Glaubenslebens mit Jesus dann in dir sichtbar werden.

2. *Lies mit offenen Augen in der Bibel*

Ich liebe die Bibel! Für mich ist sie das wundervollste Buch auf der ganzen Welt. Sie ist lebendig, Gott spricht zu uns durch sein Wort und es gibt so viele Geschichten, die uns in unserem Glaubensleben Ermutigung schenken können.

Gottes Wort ist randvoll mit Berichten über normale Menschen, die Gott erlaubt haben, in ihrem Leben zu wirken. Was Gott durch sie vollbracht hat, ist unglaublich! Hier einige Beispiele: Mose, Davids Helden (2. Samuel 23,8-23), Simson, Maria, die Glaubenshelden (Hebräer 11). Es sind Berichte von Menschen wie du und ich, die Gott die Möglichkeit gegeben haben, in ihnen zu wirken. Sie waren keine Supergläubigen, sondern einfach ein Beweis dafür, dass Gottes Kraft in normalen Menschen Wunder vollbringen kann! Diese Menschen können zu unseren Vorbildern werden, wenn wir verstehen, dass sie real sind und ein Beispiel dafür, was passiert, wenn Gottes Kraft in einem Menschen sichtbar wird.

Einer dieser Menschen, eine wundervolle Frau, die durch ihren Mut unglaubliche Schönheit offenbarte, war Esther. Klar – sie war auch äußerlich bereits eine sehr schöne Frau, aber was sie erst wirklich schön gemacht hat, war ihr Mut! Trotz großer Angst war sie letztlich bereit, ihr Leben aufs Spiel zu setzen, um andere zu retten. Ich bin überzeugt, dass sie ihren Mut, sich für die Rettung des Volkes Israels einzusetzen, aus Gottes Kraft zog, und dass das durch ihre mutige Ausstrahlung noch mal mehr auffiel als durch ihr Äußeres allein.

3. *Lies Biografien von inspirierenden Menschen*

In der Geschichte hat es so viele Menschen gegeben, deren Leben durch und durch von Gottes Wirken geprägt war. Ihre Hingabe und Liebe zu Jesus waren so groß, dass sie sehr viele Entbehrungen für ihn in Kauf genommen haben. Wenn wir uns die Zeit nehmen, ihre Biografien kennenzulernen, können auch sie zu großen Vorbildern des Glaubens werden, die uns ermutigen, ihnen nachzueifern.

Menschen wie Hudson Taylor, Amy Carmichael, James Fraser, Corrie Ten Boom, Betsy Ten Boom, Jackie Pullinger, Martin Luther, Jim und Elisabeth Elliot motivieren mich echt total.

Ist es nicht zum Beispiel unglaublich, wie mutig Elisabeth Elliot ihren Glauben lebte, obwohl ihr Mann als Märtyrer für ebendiesen Glauben sterben musste? Und dass sie zu den Mördern ihres Mannes reiste, um ihnen trotz allem von Gottes Gnade zu erzählen? Ich liebe die Ausstrahlung, die diese Frau gehabt hat. Noch im hohen Alter hat sie eine Würde und Schönheit gezeigt, die mich einfach nur fasziniert.

Reflexion

Wie stellst du dir die Persönlichkeit der Witwe von Zarpat vor? Kannst du dich mit ihr identifizieren? Was würdest du anders machen?

Was könnte Gott durch dich tun wollen? Kennst du deine Berufung schon?

Bist du bereit, ihm den Stift zu geben und ihm zu vertrauen, damit er deine Lebensgeschichte schreiben kann, so wie er will?

Was hindert dich daran, Gott alles hinzulegen?

Sehnst du dich auch nach einem kraftvollen Glauben? Bist du fasziniert davon, was alles sein könnte?

Action Step

Bestell dir heute noch eine inspirierende Biografie über einen Menschen, der sich von Gott hat gebrauchen lassen, und lies sie.

Ja, ich weiß, als Mama ist die Zeit knapp! Aber vielleicht findest du hier und da kleine Timeslots, die du nutzen kannst – zum Beispiel fünf Minuten, während du wartest, dass das Nudelwasser zu kochen beginnt, zehn Minuten, in denen dein Baby schläft oder dein Mann es wickelt, fünf Minuten kurz vor dem Einschlafen ... Über einen langen Zeitraum hinweg bekommst du auf diese Art prima ein Buch durch. Zum Vergleich: Wie oft greifst du zwischendurch zum Handy? Schnapp dir doch stattdessen einfach mal ein Buch. Fünf Minuten Lesezeit täglich machen eine Menge aus, wenn du es ein halbes Jahr durchziehst. Bei mir sieht es übrigens auch nicht anders aus. Ich schmökere schon seit über einem Jahrzehnt praktisch nur in solchen Minihäppchen und habe auf diese Art schon viele, viele Bücher gelesen, die mir sehr weitergeholfen haben.

4

Ein befreites Herz

VERGEBUNG MACHT DICH SCHÖN!

Meine Liebe,

ist dir bewusst, dass Vergebung ein ganz entscheidender Schlüssel zur Schönheit in deinem Leben ist? Ich weiß, dieses Wort kommt dir bestimmt nicht als Erstes in den Sinn, wenn du über Schönheit nachdenkst. Und trotzdem: Vergebung spielt eine entscheidende Rolle.

Es ist unmöglich, wirklich schön zu sein, wenn du Bitterkeit und Wut mit dir herumträgst. Zorn und das Festhalten an all dem, was dir andere angetan haben, können dich innerlich auffressen und dir damit deine Schönheit rauben.

Warum? Weil diese inneren Dinge nach außen sichtbar werden. Sie lassen sich selbst hinter einer Schicht Make-up nicht verstecken. Was dein Herz füllt, bestimmt deine Ausstrahlung und damit deine Schönheit.

Ich verstehe so gut, dass Vergebung kein leichtes Thema ist, sondern eins, was wirklich tief geht und unzählige Verletzungen zum Vorschein bringt.

Es tut weh, sehr weh, wenn du dich mit manchen Situationen deines Lebens erneut auseinandersetzen musst. Wenn Worte, Taten oder Versäumnisse, mit denen du dich nie wieder beschäftigen wolltest, ans Licht gebracht werden müssen.

Ich weiß. Vergebung zu erbitten und anderen auszusprechen, ist alles andere als leicht. Wahrscheinlich ist das sogar der Bereich der Schönheit, der am allerschwersten zu leben ist. Aber gleichzeitig ist Vergebung so unwahrscheinlich wichtig!

Eine Frau, die frei und unbeschwert lebt, weil ihre Schuld von ihr genommen wurde, und die auch anderen vergibt, die schuldig an ihr geworden sind, strahlt eine wundervolle Leichtigkeit aus, die mit nichts anderem aufzuwiegen ist.

Ja, dieses Thema anzugehen, ist nicht leicht. Aber es wird dich befreien wie sonst nichts. Und es wird eine Schönheit in dein Leben bringen, die du nicht für möglich hältst.

Hab keine Angst davor, dich mit all dem zu beschäftigen und Vergebung zu leben. Du bist nicht allein. Ich bin bei dir. Mit mir zusammen wird es leichter, die dunklen Schattenseiten deines Lebens aufzudecken. Keine Sorge ... ich bin behutsam. Wir gehen diesen Weg gemeinsam, Schritt für Schritt, bis du befreit leben kannst.

Und ganz nebenbei darfst du eine wundervolle Veränderung beobachten: Vergebung macht dich schön.

Dein himmlischer Vater

Warum Vergebung dich schön macht

Eine Frau, die befreit und leicht durchs Leben geht, weil sie frei von Verbitterung, Groll und Unvergebenheit ist, strahlt etwas Wunderschönes aus. Warum? Weil sie eine unglaubliche Leichtigkeit mit sich bringt. Weil statt Zornesfalten Lachfältchen ihr Gesicht verzieren. Weil ihre Worte liebevoll sind und man in ihrer Gegenwart nicht vor bitterer Kälte erfriert. Weil sie frei von Frust und meckernden Worten fröhlicher und warmherziger sein kann.

Vielleicht überrascht dich das Thema Vergebung in einem Buch über Mama-Schönheit. Wir denken bei diesem Thema gewöhnlich in so viele verschiedene Richtungen, aber Vergebung erscheint – wenn überhaupt – erst ziemlich spät in unserer imaginären Schönheits-Checkliste, oder? Dabei ist es eigentlich ein so entscheidendes Thema.

Wer Vergebung lebt, egal, ob es darum geht, Vergebung anzunehmen oder sie anderen zu gewähren, lebt befreit. Und diese Befreiung und Leichtigkeit in den Beziehungen wird nach außen sichtbar. Durch unsere Körpersprache und -haltung. Durch unseren Gesichtsausdruck, unsere Ausstrahlung. All das wirkt entspannter, anziehender und schöner, wenn wir Frieden mit uns und anderen geschlossen haben.

Genauso funktioniert es auch umgekehrt. Wer innerlich verbittert ist, kann dies äußerlich nicht verstecken. Innere Verletzungen sind irgendwann auch äußerlich sichtbar. Frust und Zorn bahnen sich ebenso ihren Weg in dein Gesicht, wie Vergebung und Frieden es tun. Nur mit dem Ergebnis, dass sie es verunstalten. Man sieht es der Ausstrahlung einfach an.

Vergebung macht schön, weil durch Vergebung die Liebe über den Hass siegt. Und wenn der Hass mit all seiner Hässlichkeit aus unserem Leben verschwindet, weil die Liebe siegt, dann ist die Schönheit der Liebe das, was in unserem Leben bleibt.

Ist es nicht interessant, dass im Deutschen das Wort „hässlich" von „Hass" abgeleitet wird? Und das Wort „lieblich" von „Liebe"? Wie wahr doch die Bedeutungen dahinter sind. Das alte Wort „lieblich" bedeutet: „voller Anmut, Liebreiz; entzückend; einen angenehmen Sinneseindruck hervorrufend". Wir würden heute wahrscheinlich einfach „schön" dazu sagen.

Wenn ich voll von Hass bin, dann werde ich von Hässlichkeit erfüllt. Und selbst wenn Hass zu hart ausgedrückt ist und das, was ich empfinde, vielleicht eher Gleichgültigkeit ist: Gleichgültigkeit hat etwas mit Kälte und Starre zu tun. Eine Leiche ist kalt und starr. Wer will schon, dass sein Gesicht oder auch sein Körper kalt, starr und gleichgültig sind? Schön ist das nicht. Wenn ich aber voll von Liebe bin, dann werde ich von Lieblichkeit bzw. Schönheit erfüllt.

Vergebung bringt so viel Wundervolles in unser ganzes Leben. Sie macht unsere Beziehungen schön, weil Beziehungen durch geklärte Konflikte heil werden können. Vergebung macht unser Leben schön, weil das Leben ohne den Ballast von Hass und Bitterkeit gelebt werden kann.

Ich finde das so ermutigend für uns Mamis. Gerade wenn wir nach der Geburt unglücklich über unsere körperlichen Veränderungen sind und uns so schlecht mit unserem neuen After-Baby-Body anfreunden können, dürfen wir eine Schönheit ausstrahlen, die so viel wichtiger ist als ein flacher Bauch: die Schönheit eines befreiten Herzens – eines Herzens, das Vergebung auslebt.

Eine alte Lady mit einer wunderschönen Ausstrahlung

Ein wundervolles Beispiel für Schönheit durch Vergebung ist die Holländerin Corrie Ten Boom. Corrie wurde während des Zweiten Weltkrieges zusammen mit ihrer Familie ins KZ gebracht. Der Grund: Als Christen hatten sie in den Niederlanden geholfen, Juden in ihrem Haus zu verstecken. Doch eines Tages wurden sie entdeckt und die gesamte Familie Ten Boom wurde deportiert. Corrie überlebte das KZ, doch ihre Schwester Betsy starb dort.

Falls du gerade kein Bild von dieser Frau vor Augen hast: Nimm dir einen Moment und suche im Internet nach einem Foto von ihr. Du wirst sehen, dass sie eine wunderschöne Ausstrahlung und leuchtende Augen hat. Ich kann gar nicht anders, als von ihrem liebevollen Blick und dieser Warmherzigkeit, die darin zu finden ist, fasziniert zu sein.

Wenn ich Corrie anschaue, sehe ich zuerst ihre liebevolle Ausstrahlung, nicht die Falten im Gesicht. Für mich ist sie einfach eine wunderschöne alte Lady. Doch wie hat sie es geschafft, trotz KZ dahin zu kommen?

Ihre Geschichte wird in dem Buch *Mit Gott durch dick und dünn* erzählt. Eine besonders bemerkenswerte Situation fasse ich hier einmal kurz zusammen:

Nachdem der Krieg vorbei war, reiste Corrie zurück nach Deutschland und erzählte den Menschen von Jesus. An einem Tag, an dem sie gerade über Vergebung gepredigt hatte, kam ein Mann auf sie zu, um mit ihr zu reden. Sie erkannte ihn sofort: Er war einer der KZ-Aufseher gewesen – und ausgerechnet einer von denen, die sich am grausamsten verhalten hatten und am Tod ihrer Schwester schuld gewesen waren. Corrie erstarrte innerlich, doch der Mann schien sie nicht wiederzuerkennen.

„Ich möchte um Vergebung bitten“, sagte er. „Ich war KZ-Aufseher. Aber kurz nach dem Krieg wurde ich Christ. Mir wurde bewusst, was für schreckliche Dinge ich all diesen Menschen angetan habe. Und ich möchte sagen: Es tut mir leid! Ich weiß, dass Gott mir vergeben hat, aber ich möchte es auch aus Ihrem Mund gerne noch einmal hören."

Corrie stand nun vor einer fast unmöglichen Entscheidung. Gerade eben hatte sie über Vergebung gepredigt. Und nun war sie herausgefordert, einem Mann zu vergeben, der zu großen Teilen für den Tod ihrer Schwester verantwortlich war. Alles in ihr fühlte sich kalt an.

Er streckte ihr die Hand entgegen.

Sie hatte keine Kraft in sich, sie zu ergreifen.

Ein innerer Kampf fand in ihr statt. Und sie traf eine Entscheidung, unabhängig von dem, wie sie sich gerade fühlte. Sie beschloss, ihre Gefühle Gott zu überlassen, die Hand des Mannes zu ergreifen und die befreienden Worte auszusprechen: „Ich vergebe dir."

Und während ihre Hand die seine ergriff, passierte etwas – ein Wunder geschah. Als sie den Schritt des Gehorsams tat und sich für Vergebung entschied, schenkte Gott ihr die Gefühle dazu. Auf einmal brach die Mauer in ihr und sie konnte von Herzen diesem Mann Vergebung zusprechen.

Gott tat das Wunder der Vergebung, als sie sich dafür entschied, obwohl ihre Gefühle nicht im Boot waren. Es war ein Gehorsamsschritt. Weil sie wusste, dass es das Richtige war. Dieser Gehorsam, diese Vergebung, machte sie frei – und formte sie zu der strahlenden Frau, die sie am Ende ihres Lebens war.

Obwohl sie so viel Leid erlebt hatte und allen Grund dafür gehabt hätte, verbittert und zornig zu sein, entschied sie sich für den Weg der Vergebung. Das Ergebnis dieser Entscheidung können wir bis heute an ihrem äußeren Erscheinungsbild sehen: eine wunderschöne Ausstrahlung, die alle Zeichen der Zeit an ihrem Körper deutlich überstrahlt.

Ich weiß nicht, wie es dir geht, aber ich möchte später einmal so eine alte strahlende Lady sein. Mit leuchtenden und warmherzigen Augen. Mit Fröhlichkeit und Leichtigkeit. Eine Frau, zu der andere gerne zu Besuch kommen, weil sie ermutigt, auf Jesus hinweist und Freude versprüht.

So viele ältere Menschen sind voll von Bitterkeit. Die Verletzungen des Lebens, die uns alle irgendwann mal treffen, haben bei ihnen schlimme Folgen hinterlassen: Verletzte und wütende Herzen haben zu einer verbitterten Ausstrahlung geführt. Je älter man wird, desto mehr häufen sich die Verletzungen. Jahr für Jahr kommen neue Missverständnisse und unbedachte Worte dazu. Es menschelt unter uns Menschen.

Egal wie sehr wir auch versuchen, es zu vermeiden: Wir werden immer andere verletzen und selbst verletzt werden. Wenn man sich nicht immer und immer wieder dazu entscheidet zu vergeben, ist eine verbitterte Ausstrahlung irgendwann unvermeidbar.

Denen zu vergeben, die einem Verletzungen zugefügt haben, gehört mit zu den schwersten Dingen unseres Lebens. Aber mit der verändernden Kraft Jesu in unserem Leben ist das möglich. Corrie Ten Boom ist das beste Beispiel dafür!

Ich bleibe derselbe;
ich werde euch tragen
bis ins hohe Alter,
bis ihr grau werdet.

Jesaja 46, 4 (Hfa)

Unvergebenheit macht unattraktiv

Ich drehe meinen Kopf weg und schmolle. Die Arme verschränkt, der Blick finster. „Wie kannst du nur?“ ist der unausgesprochene Satz meiner Körperhaltung. Ich bin sauer auf meinen Mann. Und ich versuche, ihn das spüren zu lassen. Hoffentlich quält ihn sein schlechtes Gewissen.

Ob ich auch meinen Beitrag dazu geleistet habe? Natürlich nicht! Okay, vielleicht ein bisschen. Aber auf jeden Fall nicht so wie er. Und das soll er jetzt merken …

Ein Ehestreit. Wer kennt das nicht? Diese blöden kleinen und großen Zwischenfälle, die es irgendwie immer wieder schaffen, sich einen Weg in unsere Beziehung zu bahnen. Eigentlich wollte ich es nicht, aber dann ist es doch passiert: Dieses Wort, das ich eigentlich nicht sagen wollte. Der Blick, der selbst den hellsten Tag verdunkelt. Und diese Kälte, die sogar die Sahara zum Frieren bringt. Ich verspritze Gift.

Ich glaube, es ist unnötig zu erwähnen, dass diese Momente (oder Tage …) nicht gerade die sind, in denen unsere Ehe floriert. In denen sich mein Mann unsterblich verliebt zu mir hingezogen fühlt. In solchen Situationen ist ihm mehr nach Flucht zumute, er verspürt den Drang, sich möglichst weit von mir zu entfernen. Warum? Weil ich dann unausstehlich bin. Und nichts an mir ist dann noch anziehend.

Weißt du, ich habe einen wirklich tollen Mann (auch wenn ich das in diesen Konfliktsituationen gerne mal vergesse). Er spart nicht mit Komplimenten und sagt mir immer und immer wieder, wie schön er mich findet. Wenn ich rumheule, weil ich nach vier Schwangerschaften und Geburten nicht mehr in mein Lieblingskleid passe und der Jeansknopf gleich explodiert, ermutigt er mich mit seiner Liebe. Ihm sind ein paar Kilo mehr überhaupt nicht wichtig. In seinen Augen verliere ich *dadurch* nicht an Attraktivität. Genauso wenig, wenn ich mich zerzaust und mit Augenringen geschmückt aus dem Bett schäle, weil wir uns mit einem kranken Kind die Nacht um die Ohren geschlagen haben.

Doch wenn meine Worte scharf wie Messer werden und meine Augen vor Wut funkeln, wenn mein Gesicht hart wie Stein, mein Mund schmal und mein Ton vorwurfsvoll wird – *dann* verliere ich schlagartig meine Attraktivität. *Dann* bin ich auf einmal überhaupt nicht mehr schön.

Wir Frauen tragen den tiefen Wunsch in uns, schön zu sein. Wir verbringen unzählige Stunden damit, die perfekten Klamotten aufzustöbern, bemühen uns, das Beste aus uns herauszuholen, den After-Baby-Bauch zu kaschieren. Wir suchen nach Kosmetika, die uns in ein besseres Licht rücken, und geben womöglich auch noch viel zu viel Geld aus, um all das zu bezahlen. Dabei sind es nicht diese Dinge, die mich wirklich schön machen.

Ich kann perfekt gestylt sein, mein schönstes Kleid tragen und trotzdem absolut abstoßend sein, wenn ich gleichzeitig Wut, Zickereien und Bitterkeit mit mir herumtrage.

Ein etwas flauschiger Bauch oder der Pickel auf der Nase sind gar nicht das Problem. Lieblosigkeit macht mich unattraktiv! Die Wut im Bauch und die Unvergebenheit im Herzen – all diese inneren Dinge zerstören Beziehungen und machen mein Äußeres hässlich.

Kleine Frage am Rande: Wie viele Stunden investiere ich eigentlich in meine innere Schönheit? Sind es so viele wie bei meinen Äußerlichkeiten?

Ist es nicht paradox, dass ich mich so oft an den unwichtigeren Dingen aufhalte, um attraktiver zu werden? Dass ich mir Gedanken mache, wie ich den Babyspeck wieder loswerde oder mich besser stylen kann? Und dabei vergesse, dass BMI und Make-up mir nicht die Bohne weiterhelfen, wenn ich meinem Mann gerade das nächste bissige Wort entgegengebellt habe ...

Zwei Reaktionen auf Unrecht

Wenn wir von jemandem beleidigt werden und wir uns ungerecht behandelt fühlen, dann ist unsere natürliche Reaktion in der Regel, mit einem weiteren Unrecht darauf zu antworten. Zahn um Zahn, Auge um Auge – nein, mehr noch: Zahn um Gebiss, Auge um Augen. Denn manchmal begnügen wir uns nicht damit, mit dem gleichen Maß zurückzuschlagen. Wir setzen noch einen drauf. Ein Teufelskreis des Streits und des Unrechts beginnt ...

Welche Reaktionen auf Unrecht gibt es eigentlich genau?

Explodieren – ich greife an

Die eine Reaktion ist der Angriff. Jemand kommt mir blöd, tritt mir auf den Schlips und ich gehe in die Vollen. Ich fühle mich verletzt, beleidigt oder benachteiligt, anstatt mich schüchtern zurückzuziehen, werde ich aggressiv und schleudere meinem Gegenüber kleine „Nettigkeiten" an den Schädel: *„Sag mal spinnst du??? Was fällt dir eigentlich ein? Denkst du überhaupt jemals an andere?"*

Geht es uns nicht gerade als Mama oft besonders so? Ich merke das bei mir leider immer wieder. Eins meiner Kinder tut etwas, was es nicht soll, und ich raste aus. *„Ernsthaft? Schon wieder? Wie oft soll ich eigentlich noch wiederholen, dass ..."*

Ich wäre so gerne bedachter in solchen Situationen, würde so gerne erst einmal innerlich alle Fakten sortieren und dann ruhig antworten. Aber was soll ich sagen? Viel zu oft bin ich leider nicht diese bedachte Mama, sondern einfach nur tierisch genervt. Versteh mich nicht falsch: Ich bin niemand, der seine Kinder ständig anschreit, aber meine Genervtheit kann man mir manchmal schon seeehr abspüren. Stolz bin ich darauf wirklich nicht.

Einerseits ist es natürlich gut, wenn man Dinge nicht in sich hineinfrisst. Allerdings glaube ich kaum, dass es der beste Weg ist, wenn ich ausfallend werde. Wirklich förderlich für meine Beziehungen und mich ist es nicht.

Das merke ich, wenn ich das Ganze mal umdrehe: Ich bin schon mehr als einmal aggressiv angefahren worden. Und ich muss gestehen, dass ich in meiner Zuneigung den entsprechenden Personen gegenüber nicht gerade entbrannt bin. Meine Gedanken waren bestimmt nicht: *„Oh, wie lieb, dass du mir das jetzt so sagst. Hast du Lust, nachher mit mir einen Kaffee zu trinken? Ich würde gerne noch mehr mit dir über meine Schwächen sprechen."*

Nein, bestimmt nicht. Ich wollte eher fliehen – aus dieser Situation und vor dieser Person. Einfach weg. Warum? Weil ich nicht gerne angegriffen werde. Weil wahrscheinlich niemand gerne angegriffen wird. Man wird verletzt. Es tut weh. Wer will da schon bleiben?

Und sogar wenn ich diejenige war, die gemein wurde, möchte ich in Wahrheit fliehen – vor mir selbst. Manchmal bin ich schockiert über mich und das, was aus meinem Mund so alles rauskommen kann. Und das ausgerechnet den Personen gegenüber, die ich am liebsten auf dieser Welt habe ... meinem Mann und meinen Kindern. Ich werde traurig und betroffen, könnte im Boden versinken. Und dann wünsche ich mir, ich wäre einfach weg, weit weg von mir und meinem Gift, das ich gerade um mich gespritzt habe. Meine Unnahbarkeit und Unattraktivität wird mir schmerzlich bewusst.

Die Bibel spricht eine deutliche Sprache, wenn es ums Explodieren geht:

Bitterkeit, Aufbrausen, Zorn, wütendes Geschrei und verleumderisches Reden haben bei euch nichts verloren, genauso wenig wie irgendeine andere Form von Bosheit.

Epheser 4,31 (NGÜ)

Doch jetzt legt das alles ab, auch Zorn, Aufbrausen, Bosheit und Verleumdung; kein gemeines Wort darf über eure Lippen kommen.

Kolosser 3,8 (NGÜ)

Das sind klare Worte, die mir bewusst machen, wie oft ich schon in meinem Leben schuldig geworden bin. Eigentlich bin ich ein ruhiger und sehr harmoniebedürftiger Mensch. Aber dennoch – gerade in meinem Mama-Leben wird meine Geduld oft sehr auf die Probe gestellt. Und das nicht nur an den herausfordernden Tagen, nein, auch im ganz normalen Alltag!

Es gibt Kleinigkeiten, die mich zur Weißglut treiben. Das fängt schon morgens an, bevor die Großen überhaupt das Haus verlassen: wenn die Zeit immer knapper wird, aber mein Sohn die Ruhe in Person ist und so lange trödelt, bis der Bus fast weg ist ... Oder wenn das Mathebuch auf einmal verschollen ist, das doch eigentlich brav im Ranzen liegen sollte ... Wenn zwei sich schon beim Frühstück um sechs Uhr morgens über Kleinigkeiten in die Wolle kriegen ... Solche Dinge können sehr an meinen Nerven zehren und nicht gerade das Beste in mir zum Vorschein bringen. Ganz besonders dann, wenn meine Nacht kurz war, weil das Kleinkind fieberte.

Um nicht missverstanden zu werden: Natürlich ist es wichtig, Grenzen zu setzen, sagen zu können, wenn einem etwas nicht gefällt, wenn man etwas nicht möchte, wenn etwas blöd lief und man verletzt wurde. Natürlich sollte man lernen, diese Dinge auszusprechen, und natürlich müssen wir auch unsere Kinder erziehen. Aber es geht darum, diese Dinge respektvoll zu äußern und nicht beleidigend. Ruhig und möglichst sachlich zu bleiben und nicht voller Emotionen auszuticken.

Ich denke, es ist klar, worin der Unterschied liegt.

Implodieren – ich ziehe mich zurück

Eine andere Reaktion auf Unrecht ist, sich innerlich zu verschließen. Anstatt einen hörbaren Gegenangriff zu starten, entscheide ich mich für einen sichtbaren. Ich explodiere nicht (was unüberhörbar ist), sondern ich implodiere (was ganz leise geschehen kann, aber schlecht übersehbar ist). Anstatt alles rauszulassen, lasse ich alles in mir drin. Ich schweige. Ich grüble. Ich verstecke mich.

Und so, wie eine Explosion *draußen* verheerende Folgen hat, so treibt eine Implosion ihr zerstörerisches Unwesen *in* mir – ohne dass ich meinen Unmut verstecken kann. Meine Laune wird nach außen sichtbar: Ich fange an zu schmollen, werde schweigsam, launisch, trotzig oder mürrisch. Mein Blick spricht Bände und auf diese Art zerstöre ich in meiner Umgebung jegliche Harmonie und Frieden.

Vielleicht tue ich all das, um dem anderen so richtig deutlich zu machen, was er sich da gerade geleistet hat. Meistens trifft mein Verhalten meinen Mann. Ich lasse ihn zappeln. Will ihn dafür bestrafen, dass er sich mir gegenüber „falsch" verhalten hat.

Aber vielleicht denke ich auch, dass der andere wirklich nichts davon mitbekommt. Vielleicht denke ich sogar, dass ich auf diese Weise alles mit mir selbst ausmachen kann und niemanden mit in meine Wut hineinziehe.

Vielleicht habe ich sogar gute (oder fromme) Absichten dabei, ganz nach dem Motto: *Ich bin sooo wütend. Wie kann er nur? Schon wieder! Aber bleib cool, Anne. Ganz entspannt! Nur nicht ausflippen. WWJD – what would Jesus do – ihm die Gurgel umdrehen? Äh, nein. Vielleicht schweigen? Ach, keine Ahnung. Besser ich sage einfach nichts, dann kann ich auch nichts falsch machen. Ich lasse es geschehen, halte meine andere Wange hin. Einfach demütig sein und ertragen ... Aber stinksauer bin ich trotzdem!*

Brodeln tut es trotzdem. Und ein brodelnder Kochtopf lässt sich nicht verstecken.

Es ist ein bisschen wie bei dem älteren Sohn in dem bekannten Gleichnis aus Lukas 15, der am Ende der Erzählung kurz auf der Bildfläche erscheint. Sein jüngerer Bruder hat das ganze Erbe seines Vaters verschleudert. Aber als dieser heimkehrt und seinen Vater weinend um Vergebung bittet, wird er mit Liebe überschüttet.

Beim älteren Sohn brodelte es innerlich, wahrscheinlich schon jahrelang. Er verspürt Wut auf seinen Vater – eine lange unterdrückte Wut, die nach und nach sein Herz verbittert und ihn kalt gemacht hat. Als er jetzt die grenzenlose Barmherzigkeit seines Vaters gegenüber seinem „Versager-Bruder" sieht, kann er seine Wut nicht mehr in sich behalten.

Als Freunde vorbeikommen und Feierstimmung im Haus zu hören ist, steht er bitter vor der Tür, schmollt in der Kälte und Dunkelheit.

Aber auch er erlebt ein Wunder. Auch zu ihm geht der Vater hinaus. Diese Geste ist absolut unfassbar. Ein Patriarch der damaligen Zeit wäre weder einem „verlorenen" Sohn entgegengerannt noch hätte er als Gastgeber sein Festmahl verlassen, um seinen älteren Sohn hereinzubitten. Der ältere Sohn erhält dadurch die gleiche Wertschätzung und Liebe wie sein jüngerer Bruder. Auch er wird zur Feier des Vaters eingeladen. Ob er die Liebeseinladung annimmt ...? Wir wissen es nicht. Es scheint, als ob seine bitteren Gedanken ihm den Weg versperren.

Ich weiß nicht, wie es dir geht, aber ich habe den älteren Sohn schon immer als unsympathisch empfunden. Seien wir mal ehrlich: Anziehend ist unterdrückter Zorn nicht. Selbst wenn man froh ist, keine Kaffeetasse an den Kopf geworfen zu bekommen, bekommt man auch schon bei eisiger, stiller Kälte das Bedürfnis, sich in wärmere, herzlichere Gefilde zu begeben. Flucht ist auch hier das Stichwort – für den, der gerade mit Kälte übergossen wird, aber auch für mich, die ich Kälte verbreite. Denn es scheint, als ob ich nicht nur andere damit einfriere, sondern auch mich selbst.

Geht nachsichtig miteinander um

und vergebt einander,

wenn einer dem anderen

etwas vorzuwerfen hat. Genauso,

wie der Herr euch vergeben hat,

sollt auch ihr einander vergeben.

Kolosser 3,13 (NGÜ)

Wenn ich mein Herz verschließe

Der ältere Sohn verbitterte langsam und verschloss sein Herz. Aber was genau ist eigentlich Bitterkeit? Und wie entsteht sie? Habe ich sie vielleicht sogar selbst in mein Herz gelassen?

Verbitterung ist ein Prozess

Es ist zuerst einmal wichtig zu sagen: Verbitterung ist ein Prozess. Ich werde nicht eines Morgens aufwachen und feststellen, dass ich auf einmal verbittert bin. Es passiert schleichend. Langsam. Fast unmerklich. Aber es gibt Warnsignale auf dem Weg dorthin und ich kann sie wahrnehmen.

Wie verläuft der Prozess der Verbitterung?

Erstens: Ich erlebe Unrecht! Ich werde beleidigt oder verletzt. Vielleicht geschieht das auch mehrfach. Immer wieder wird auf mir herumgetrampelt oder ich werde anderweitig verletzt: Ich werde übersehen. Es wird über mich bestimmt. Ich werde angelogen. Ausgenutzt. Verachtet. Ausgelacht. Ausgestoßen. Unfair behandelt. Gemein behandelt. Und vielleicht noch viel schlimmer.

Zweitens: Ich versuche mich mehr oder weniger zu wehren, aber meine Abwehr nutzt nichts – egal, ob ich explodiere oder implodiere. Ich fühle mich so hilflos. Was kann ich denn sonst noch tun? Egal, ob ich vor Wut und Schmerz aufschreie und versuche, meine Grenzen klarzumachen, oder ob ich mit eisiger und schweigsamer Kälte reagiere und mich abzugrenzen versuche – das Ergebnis bleibt das Gleiche: Ich werde nicht gehört. Die Grenzüberschreitung nimmt kein Ende. Mir wird weiter Unrecht angetan.

Drittens: Als Resultat ziehe ich mich vollständig zurück. Mein inneres Schneckenhaus scheint mir der sicherste Ort zu sein.

Ich verstecke mich – hinter mir selbst. Verkrieche mich in mein Innerstes. Meine seelischen Wunden schmerzen. (Vielleicht auch meine körperlichen ...) Das, was mir angetan wurde, tut so weh. Die Verletzungen sind kritisch. Ich blute innerlich, fühle mich nicht mehr intakt. Die Wut und die Hilflosigkeit zerfressen mich innerlich. Ich habe Panik, dass noch einmal jemand daraufschlägt.

Der einzige Weg, der mir sicher erscheint: Ich muss mich noch besser absichern. Mit einer Mauer dafür sorgen, dass niemand an meine Wunden stoßen kann und die Verletzungen noch größer werden. Mein verletztes Herz bekommt statt einer heilenden Salbe eine kalte Betontür ohne Schloss. Fest verriegelt. Unzugänglich. Sicher. Ein Bunker.

Viertens: Wenn ich das über einen längeren Zeitraum zulasse, wird das Herz langsam, aber sicher kalt und hart. Gefühllos. Mein Herz mit der Wunde ist unzugänglich und verschlossen. Ich werde bitter. Ich lasse Stacheln wachsen. Das, was mich eigentlich schützen sollte, wird mir plötzlich zum Verhängnis ...

Bitterkeit und ihre Folgen

Was macht diese Verbitterung mit mir? Das, was ich aufrichte, um mich zu schützen, verursacht letztlich massive Schäden in meinem Inneren. Die Bibel warnt uns vor Herzenshärte und Bitterkeit:

> *Mehr als auf alles andere aber*
> *achte auf dein Herz, denn es bestimmt,*
> *wie du dein Leben führst.*
> *Sprüche 4,23 (NGÜ)*

Lasst nicht zu, dass aus einer bitteren Wurzel eine Giftpflanze hervorwächst, die Unheil anrichtet.

Hebräer 12,15b (NGÜ)

Was passiert, wenn ich eine Giftpflanze in mich aufnehme? Ich habe mich darüber mal ein bisschen schlaugemacht: Atemlähmung, Krämpfe, Erbrechen, Herzversagen und Taubheitsgefühl, in manchen Fällen sogar Tod.

Bitterkeit ist wie eine Giftpflanze, die mich von innen heraus krank macht. Sie lähmt mich. Sie erstickt meine Freude. Sie verursacht unglaubliche Schmerzen. Mein Herz versagt und ich werde taub für Gefühle. Ich sterbe innerlich.

Nachdem andere mich verletzt haben, lasse ich keine Medizin, keine Salbe zu. Mein Herz schreit nach einem Retter, nach einem Arzt, der Heilung und Rettung bringt, aber ich decke es ab, damit der Schrei nicht zu hören ist.

Gleichzeitig konzentriere ich mich so auf meine Verletzungen, auf meinen „Schutz", der letztlich mein Verderben ist, dass ich andere mit ihren Wünschen und Nöten nicht mehr sehe – auch nicht, wenn sie mir ihre Liebe geben möchten. Eigentlich bräuchte ich andere jetzt dringendst, aber ich sehe nur mich und mein Leid.

Wie komme ich da raus – aus dem Strudel der Verletzung, der Verbitterung, der Vereinsamung, der Selbstbezogenheit? Verbitterung ist ein Gefängnis, in das ich mich selbst einschließe. Ich werde unfähig, echte Freude zu empfinden oder mich mit anderen mitzufreuen. Ich werde hart, um mich vor weiteren Verletzungen zu schützen. Ich verliere meine sozialen Fähigkeiten und werde durch meine selbst gewählte Isolation einsam.

Auch äußerlich macht sich die Bitterkeit bemerkbar: harte Gesichtszüge, Zornesfalten, Unnahbarkeit ... Es ist unmöglich, anziehend und schön zu sein, wenn ich voll von Bitterkeit bin. Bitterkeit ist sichtbar – man kann sie nicht verstecken.

Wir alle sind in unserem Leben mehr oder weniger schlimm von anderen verletzt worden.

Dennoch gibt es zwei Gruppen von Menschen: die Verbitterten und die Befreiten. Beide Gruppen haben ähnlich viel und stark Leid erfahren. Woran liegt es, dass die einen verbittert sind und die anderen nicht? Die Verbitterten sagen sich: *„Es ist mein Recht, bitter gegenüber denen zu werden, die mich verletzt haben. Den Tätern ihr Unrecht nachzutragen. Immer darüber nachzudenken. Es nicht loszulassen."*

Immer wieder erinnere ich mich an die Verletzungen und das Unrecht, das an mir geschah. Immer wieder flackern diese Bilder in mir auf, mein Kopfkino scheint eine Dauervorstellung zu spielen. Aber dadurch heilen meine Verletzungen nicht.

Eigentlich möchte ich ja, dass sie heilen. Dass all das endlich ein Ende hat. Dass ich wieder seelisch gesund sein kann. Dass die Schmerzen aufhören. Aber die Schritte dafür scheinen zu schwer zu sein. Oder kenne ich sie überhaupt? Bin ich vielleicht schon so an mein Schneckenhaus der Bitterkeit gewöhnt, dass ich den Schlüssel zur Welt da draußen verloren habe?

Die Alternative – Vergebung

Ich bin zutiefst überzeugt, dass der Schlüssel zur Heilung und Befreiung und damit zu wahrer Schönheit die Vergebung ist. Verbitterte Menschen haben nicht gelernt zu vergeben und loszulassen.

Ja, meine Vergangenheit ist bereits zerstört durch die Verletzungen, die mir andere zugefügt haben. Die Schmerzen kann ich nicht mehr rückgängig machen. Leider. Aber ich kann verhindern, dass diese Schmerzen auch noch die Gegenwart oder

Zukunft beeinflussen. Schuld soll mich auf keinen Fall weiter bestimmen!

Wie kann ich das machen? Es ist wichtig, die Verletzungen, die Schmerzen loszulassen. Wenn ich an diesen Verletzungen festhalte, werden sie mir auch weiter wehtun. Wenn ich sie loslasse, dann bleibt zwar eine Narbe übrig, aber die Wunde heilt und die Schmerzen gehen weg. Ich weiß ... das ist einfacher gesagt als getan. Aber es ist die einzige Möglichkeit.

Was hindert uns eigentlich so oft daran zu vergeben? Ich glaube, es gibt zwei entscheidende Gründe.

Hinderungsgrund #1- fehlende Reue des Schuldigen

Es ist eine Sache, jemandem zu vergeben, der mit gesenktem Kopf und hängenden Schultern zu mir kommt und um Vergebung bittet, der seine Schuld einsieht und die Beziehung wieder herstellen will. Doch es ist eine ganz andere Sache, wenn sich die Entschuldigung des anderen nicht echt anhört oder gar keine Reue kommt.

Wenn keine echte Bitte um Vergebung ausgesprochen wird, kann man ja auch keine Vergebung zusprechen – oder doch? Lass uns mal darüber nachdenken ...

Vielleicht wartest du schon seit langer Zeit darauf, dass sich So-und-so endlich bei dir entschuldigt und dass Frau X endlich einsieht, dass sie im Unrecht war. Oder dass sich XY *wirklich* bei dir entschuldigt und nicht nur ein oberflächliches „Tut mir leid" dahersagt. Denn wenn eine echte Entschuldigung kommt, bist du immer schnell bereit zu vergeben. Du liebst es, einen Konflikt zu beenden, jemanden in die Arme zu schließen und die heilenden Worte auszusprechen: *„Es ist vergeben. Alles ist wieder gut."*

Aber was ist, wenn dieser Moment nie eintrifft? Wenn dein Gegenüber nie zu dir kommt und dich um Vergebung bittet? Wenn die Schuld nie so eingestanden wird, wie du es dir wünschst, und man vielleicht das Gefühl hat, derjenige würde es sogar immer wieder genauso machen? Man steht vor einer der schwierigsten Situationen im Leben: jemandem zu vergeben, der einen gar nicht darum bittet und es vielleicht auch nie tun wird.

In so einem Fall ist es oft nicht möglich, ein klärendes Gespräch zu führen und Beziehungen wiederherzustellen. Was jedoch geschehen kann, ist die Vergebung im eigenen Herzen – indem ich meinen Wunsch nach Rache und Strafe an Gott abgebe. Mit der Einstellung: *„Nein, ich werde nicht für Strafe sorgen. Dafür ist Gott zuständig. Ich werde nicht für Gerechtigkeit sorgen, sondern Gott wird dafür sorgen. Ich ‚gebe ab', ich ver-gebe! Ich werde nicht mehr wütend sein! Ich entscheide mich dafür, nicht mehr krampfhaft daran zu denken."*

Schuld bleibt nach wie vor Schuld. Ungerechtigkeit bleibt weiterhin falsch. Aber ich möchte der an mir schuldig gewordenen Person ohne Bitterkeit im Herzen begegnen können. Auch wenn sie mich nicht um Vergebung gebeten hat. Ich muss nicht ihre beste Freundin werden und ich muss diese Person auch nicht jeden Tag sehen. Aber ich denke nicht mehr ständig an die Schuld, die an mir begangen wurde. Ich gebe sie ab. An Gott. In der Bibel heißt es dazu:

Ich bin der Richter, der alles Unrecht straft;
ich werde Vergeltung üben.
Hebräer 10,30; Römer 12,19 (NGÜ)

Zusammen mit meinem Wunsch nach Rache gebe ich meinen Schmerz und meine Wut an ihn ab. Und lasse mich dadurch von ihm befreien.

Kleiner Hinweis am Rande: Manchmal entstehen Konflikte auch einfach dadurch, dass zwei extrem unterschiedliche Persönlichkeiten sich ständig aneinander reiben, was sich immer mehr hochschaukelt. In so einem Fall ist ein klassisches Klären des jeweiligen Konflikts gar nicht richtig möglich, weil die unterschiedlichen Typen und Überzeugungen dazu führen, dass das Ganze einfach nichts bringt. Leider ist es nun einmal so, dass wir nicht mit jedem gut befreundet sein können. Manchmal „passt" es einfach nicht so richtig. Schwierig ist so was, wenn das in der erweiterten Familie der Fall ist – hier kann man den Leuten nicht immer aus dem Weg gehen ...

Ich denke aber, dass es in so einem Fall ebenfalls wichtig ist, auf das eigene Herz zu schauen und zu vergeben, was einen verletzt hat. Schau, dass dein Herz nicht Bitterkeit mit sich herumträgt, sondern dass du die Sache und die Person Gott anbefiehlst. Man muss mit dieser Person keine Freundschaft pflegen, aber man sollte ohne Groll im Herzen sein können, wenn man sich begegnet.

Hinderungsgrund #2 – ich denke, dass Vergebung eine Belohnung für den Täter ist

Ein weiterer entscheidender Punkt, der mich so häufig daran hindern kann zu vergeben, ist, dass ich denke, diesen Menschen einfach nicht vergeben zu können oder zu wollen. *„Er hat DAS getan! Ich will ihm das nicht vergeben! Wie konnte er mich nur SO behandeln? Ich kann das einfach nicht verzeihen!"*

Vergebung kann sich für mich dann so anfühlen: Person X tut mir etwas Schlimmes an. Person X entschuldigt sich nicht dafür. Dann aber soll ich Person X für die Gemeinheit noch belohnen, indem ich ihr Vergebung schenke. So ganz nach dem Motto: *„Herzlichen Dank, dass du mich zutiefst verletzt hast. Es tut zwar total weh, aber weißt du was? Weil ich so ein gutmütiger Mensch bin, vergebe ich dir das jetzt auch noch. Herzlichen Glückwunsch!"*

Ja! Vergebung ist ein Geschenk! Und zwar ein unverdientes.

Aber es ist kein Geschenk für die böse Tat eines Menschen, sondern es ist ein Geschenk, *obwohl* er mich verletzt hat.

Und das Wichtigste: Vergebung ist in erster Linie ein Geschenk *für mich*. Es tut mir gut zu vergeben und meinen Blick von mir wegzuwenden. Ich schenke mir etwas Gutes, wenn ich vergebe! Ich befreie mich von der Verbitterung. Die Menschen, denen ich vergebe, bekommen möglicherweise eh nie etwas davon mit. Vielleicht sind es Erlebnisse aus der Kindheit, die mich verfolgen, obwohl ich diese Personen schon 20 oder 30 Jahre nicht mehr gesehen habe. Es kann sogar sein, dass es ihnen nie bewusst war, was sie mir angetan haben und dass sie ihre Taten schon vergessen haben.

Vielleicht war es Mobbing in der Schule. All diese bissigen und gemeinen Worte, die du von unbarmherzigen Mitschülern einstecken musstest. Du kannst ihr hämisches Lachen noch hören. All ihre grausamen, erniedrigenden und beleidigenden Worte haben dich geprägt. Sie haben dich geformt (oder verformt?) und zerbrochen.

Oder es war dein Vater, der dich deiner Ansicht nach nie so geliebt und geschätzt hat wie deine Schwester oder deinen Bruder. Ein anderer war sein Liebling. Nicht du. Wie sehr hättest du dir seine Anerkennung gewünscht! Wie sehr seine Liebe und Zuwendung gebraucht. Aber er hatte nur Augen für die anderen. Vielleicht wurdest du nie von ihm gelobt. Es kann sein, dass er schon tot ist, aber die Wunden sitzen immer noch tief.

Verletzungen können lange zurückliegen und noch genauso wehtun wie frisch nach der Tat. Gerade bei sehr schlimmen Verletzungen ist vielleicht auch dieser Gedanke hilfreich: *Ich vergebe dir, damit die Schuld und die Wunde endlich aus meinem Leben verschwinden! Ich will mich an diese Wunde nicht mehr ständig erinnern und daran denken. Und ich weiß, dass der einzige Weg dazu die Vergebung ist. Deshalb: Dir sei vergeben! Gehe in Frieden und lass mich in Frieden.*

Vergebung macht mich selbst frei.

„*Zu vergeben* bedeutet,
einen Gefangenen freizulassen
und zu erkennen, dass dieser
Gefangene du selbst warst."

Lewis Benedictus Smedes

(1921 – 2002), Ethiker, Theologe und
Autor christlicher Bücher

Bitte um Vergebung

Bevor ich dir gleich einige praktische Tipps gebe, wie du Vergebung üben kannst, möchte ich noch mal kurz die andere Seite beleuchten, die zwischendrin auch immer mal anklang: Wenn du diejenige bist, der vergeben werden muss – kannst du dann um Vergebung bitten?

Ich muss sagen, dass ich wirklich Respekt habe vor den Menschen, die zu mir gekommen sind und um Vergebung gebeten haben. Die nicht zu stolz waren, zu ihren Fehlern zu stehen. Sie strahlen etwas Schönes, Würdevolles und Starkes aus. Auch wenn sie selbst wahrscheinlich das Gegenteil denken.

Auch hier gilt: Wenn die Liebe über den Hass siegt, entsteht Schönheit. Wenn ich meinen Stolz überwinde und Schuld eingestehe, dann wird das Wirken des Heiligen Geistes in mir sichtbar. Und damit wird die Schuld in meinem Leben mit all ihrem Hass und ihrer Hässlichkeit ausgelöscht. Die Liebe siegt. Und mit ihr die Schönheit. Weil der Stolz überwunden ist.

Übrigens: Es ist so wichtig, dass wir Vergebung nicht im Rahmen eines Machtgefälles sehen. Wenn wir glauben, dass nur Menschen mit Autorität anderen Vergebung zusprechen, aber nie selbst um Vergebung bitten müssen, läuft was falsch. Konkret für uns Mamas bedeutet das: Auch wir sollten immer bereit sein, unsere Kinder um Vergebung zu bitten, und uns nicht nur in der Rolle sehen, ihnen Vergebung zu schenken.

Auch wir werden immer wieder an ihnen schuldig und ich finde es so wichtig, dass wir nicht zu stolz sind, um bei unseren Kleinen um Vergebung zu bitten.

Es wird unserer Beziehung zu ihnen guttut. Sie befinden sich so oft in der Situation, um Vergebung bitten zu müssen, dass es für sie eine wertvolle Erfahrung ist zu erleben, wie wir um Vergebung bitten – weil sie, auch wenn sie noch klein sind, wertvoll genug dazu sind.

Darüber hinaus zeigt es ihnen, dass Erwachsene ebenfalls Fehler machen und Vergebung brauchen. So ein guter Moment, um noch einmal die wundervolle Nachricht des Evangeliums mit ihnen zu teilen. Wir alle brauchen Gottes Vergebung, weil wir falsche Entscheidungen treffen.

Bis jetzt habe ich immer erlebt, dass meine Kinder gerne vergeben haben. Klar, manchmal war es ein kleiner Kampf in ihrem Inneren, weil sie (zu Recht) richtig sauer auf mich waren. Aber sie haben sich letztlich immer ziemlich schnell dazu durchringen können.

Praktische Tipps, wie du Vergebung üben kannst

Wie kann ich nun lernen, aus ganzem Herzen zu vergeben? Und wie schütze ich mich vor Bitterkeit? Wie kann ich immer mehr zu einer strahlenden Frau mit leichtem Herzen werden, die auch im hohen Alter noch so eine liebevolle Ausstrahlung hat wie Corrie?

Es gibt ein paar Prinzipien, die mir persönlich helfen, wenn es um das Thema Vergebung geht. Denn auch ich bin da eine Lernende. Und viel zu oft versage ich leider in diesem Bereich. Aber ich bleibe dran. Weil ich befreit und leicht leben möchte. Vielleicht können die folgenden Gedanken ja auch für dich zu nützlichen Tipps werden.

Erinnere dich an alles, was dir vergeben wurde!

Weißt du, was das größte Geschenk ist, das ich jemals erhalten habe? Etwas, was ich nicht verdient habe. Etwas, worüber ich mich immer und immer wieder freue. Vergebung!

Mir wurde alles, wirklich alles vergeben! All meine Rebellion, all meine Sünde und Schuld. All mein Egoismus. All mein Stolz. All meine Verletzungen, die ich anderen zugefügt habe! Ich habe persönlich erlebt, dass Gott mir all meine Fehler vergeben hat. Angefangen von der kleinsten nicht ganz wahren Ausschmückung in einer Erzählung bis hin zu den richtig dicken Dingern, die ich mir im Laufe meines Lebens geleistet habe. Und diese Befreiung durch Jesus Christus, dem Sohn Gottes, ist einfach überwältigend schön. Ich bin ihm auf ewig dankbar.

Weißt du, die Tatsache, dass Gott so mit mir umgeht, hilft mir, wenn ich herausgefordert bin, anderen zu vergeben. Wenn ich verletzt oder enttäuscht werde, kann ich mich daran erinnern, wie viel Gott mir vergeben hat! Jesus spricht in einem Gleichnis glasklar über die Notwendigkeit der Vergebung. Er erzählt eine Geschichte, die mich sehr zum Nachdenken bringt:

Mit dem Himmelreich ist es wie mit einem König, der mit den Dienern, die seine Güter verwalteten, abrechnen wollte. Gleich zu Beginn brachte man einen vor ihn, der ihm zehntausend Talente schuldete. Und weil er nicht zahlen konnte, befahl der Herr, ihn mit Frau und Kindern und seinem ganzen Besitz zu verkaufen und mit dem Erlös die Schuld zu begleichen. Der Mann warf sich vor ihm nieder und bat auf den Knien: ›Hab Geduld mit mir! Ich will dir alles zurückzahlen.‹ Da hatte der Herr Mitleid mit seinem Diener; er ließ ihn frei, und auch die Schuld erließ er ihm. Doch kaum war der Mann zur Tür hinaus, da traf er einen anderen Diener, der ihm hundert Denare schuldete. Er packte ihn an der Kehle, würgte ihn und sagte: ›Bezahle, was du mir schuldig bist!‹ Da warf sich der Mann vor ihm nieder und flehte ihn an: ›Hab Geduld mit mir! Ich will es dir zurückzahlen.‹ Er aber wollte nicht darauf eingehen, sondern ließ ihn auf der Stelle ins Gefängnis werfen, wo er so lange bleiben sollte, bis er ihm die Schuld zurückgezahlt hätte. Als das die anderen Diener sahen, waren sie entsetzt. Sie gingen zu ihrem Herrn und berichteten ihm alles. Da ließ sein Herr ihn kommen und sagte zu ihm: ›Du böser Mensch! Deine ganze Schuld habe ich dir erlassen, weil du mich angefleht hast. Hättest du da mit jenem anderen Diener nicht auch Erbarmen haben müssen, so wie ich mit dir Erbarmen hatte?‹ Und voller Zorn übergab ihn der Herr den Folterknechten, bis er ihm alles zurückgezahlt hätte, was er ihm schuldig war. So wird auch mein Vater im Himmel jeden von euch behandeln, der seinem Bruder nicht von Herzen vergibt.

Matthäus 18,23-35 (NGÜ)

Der undankbare Knecht in dem gelesenen Gleichnis geht mit seinem Schuldner so um, als hätte er seine eigene Situation und Geschichte vollkommen ausgeblendet. Damit wir seine Situation besser verstehen, hier mal eine kleine Umrechnung: Der Schuldenberg, den er selbst schuldig war, beläuft sich auf die unscheinbare Summe von 10.000 Talente. Hier eine kleine Umrechnung:

1 Talent = 6.000 Denare / 1 Denar = 1 Tagesverdienst / also: 10.000 Talente = 60.000.000 Arbeitstage

Das bedeutet, dass es für ihn unmöglich gewesen wäre, seine Schulden jemals in der Spanne seines Lebens zurückzuzahlen. Er war vollkommen auf den Schuldenerlass und die Gnade seines Herrn angewiesen.

Genauso sind auch wir nicht im Geringsten imstande, vor Gott unsere Schuld zu bezahlen. Nie und nimmer! Selbst wenn wir eine Ewigkeit lang ein perfektes und fleißiges Leben führen würden. Ich glaube, dass Jesus in dieser Geschichte die Summe des Schuldenberges absichtlich so hoch ansetzt, um klar zu verdeutlichen, dass unser Sündenberg vor Gott tatsächlich unglaublich riesig ist. Wir haben so viel Schuld auf uns geladen, dass wir uns selbst nicht aus dieser misslichen Lage befreien können. Wir sind ganz und gar auf Gottes Gnade angewiesen.

Was für ein Wunder, dass Gott uns diese Gnade geschenkt hat! Wem dieser riesige Schuldenberg vergeben und weggenommen wurde, der kann sich wirklich freuen!

Uns wurde so viel vergeben. Aber das vergessen wir oft, genau wie der undankbare Knecht: Als er den Mann sah, der ihm eine im Verhältnis kleine Geldmenge schuldete (100 Tage Arbeit), rastete er vollkommen aus und zeigte keinen Funken Gnade. Die Vergebung, die ihm selbst gerade noch so überreich gewährt wurde, sprach er dem anderen nicht zu!

Ja, man muss Verbitterten zugestehen: zu vergeben ist schwer, ja eigentlich unmöglich. Erst selbst erfahrene Vergebung macht frei. Wenn ich verletzt, enttäuscht oder betrogen werde, dann sollte ich mich als Erstes daran erinnern, wie viel Gott mir vergeben hat! Das lindert den Schmerz nicht sofort und stellt auch nicht automatisch Beziehungen wieder her. Aber es stellt die Gesamtsituation in das richtige Licht.

Entscheide dich zu vergeben!

Darüber hinaus sollten wir verstehen: Vergebung ist kein Gefühl, sondern eine Entscheidung. Ein Gehorsamsschritt – Gehorsam Gott gegenüber. Ein Schritt, der alles andere als leicht ist, aber den Jesus sogar in seinem bekanntesten Gebet, im „Vaterunser", anspricht:

Und vergib uns unsere Schuld,
wie auch wir denen vergeben haben,
die an uns schuldig wurden.
Matthäus 6,12 (NGÜ)

Auch an anderen Stellen werden wir in der Bibel deutlich herausgefordert, einander Vergebung zu schenken.

Geht nachsichtig miteinander um und
vergebt einander, wenn einer dem anderen
etwas vorzuwerfen hat. Genauso, wie
der Herr euch vergeben hat, sollt auch
ihr einander vergeben.
Kolosser 3,13 (NGÜ)

Selbst wenn er siebenmal am Tag gegen
dich sündigt und siebenmal wieder zu dir
kommt und sagt: ›Ich will es nicht mehr tun‹,
sollst du ihm vergeben.
Lukas 17,4 (NGÜ)

Ich kann euch gar nicht sagen, wie häufig ich meinen Mann schon bitten musste, mir zu vergeben. Und ich bin so froh, dass er immer bereit dazu war, egal was ich getan habe. Ich glaube nicht, dass es ihm immer leichtgefallen ist. Mein Mann hat es einfach getan, weil er wusste, dass es das Richtige ist. Oder meine Kinder: Wie oft ich sie auch schon um Vergebung bitten musste ...

Es bringt nichts, die schmerzende Situation immer und immer wieder im Kopf durchzugehen. Damit macht man sich auf Dauer kaputt. Ja, eine Verarbeitung der Verletzungen und der Schuld ist nötig und das erfordert manchmal Zeit. Doch beim ständigen Wühlen in der Schuld anderer mir gegenüber und beim Stochern in meinen Wunden sollte ich nicht stehen bleiben. So können Wunden nicht heilen!

Wie geht das nun, diese Gedanken zu stoppen? Und wie geht das, mich aktiv dazu zu entscheiden? Wie kann ich das konkret umsetzen?

Erstens: Ich glaube, dass es hilft, sich rational bewusst zu machen, dass es ein Gehorsamsschritt Gott gegenüber ist. Wenn ich verletzt bin, bin ich total emotional. Und diese Emotionen können mich verrückt machen und mir im Weg stehen. An dieser Stelle etwas Sachlichkeit mit hineinzunehmen, hat etwas Befreiendes für mich.

Zweitens: Sich immer und immer wieder sagen, dass man sich selbst damit etwas Gutes tut. Dass es Befreiung für einen selbst ist.

Drittens: Mit dem Bewusstsein an die Sache gehen, dass solch eine Entscheidung – gerade in sehr schweren Fällen – einen Reifungsprozess braucht. Gott zwingt uns nicht zur Vergebung, wenn wir noch völlig zerstört am Boden liegen. Es darf eins nach dem anderen passieren. Und ich bin auch bei diesem Punkt nicht allein, sondern darf mich voll auf Gottes Kraft stützen. Darf ihn bitten, mir zu helfen und das in mir zu bewirken, was ich selbst einfach nicht kann. So, wie Corrie es tat, als sie herausgefordert war, ihrem Feind aus dem Krieg zu vergeben.

Noch mal: Meine Gefühle werden mir ein anderes Lied pfeifen, aber es ist meine Aufgabe und mein Ziel, mich über meine Gefühle zu stellen und mich dazu zu entscheiden zu vergeben. Weil es das Richtige ist. Weil Gott es möchte. Weil es mich befreit und heilt. Und weil es meiner Seele und dann auch meinem Äußeren seine Schönheit zurückgibt.

Vergib so schnell wie möglich!

„Wir leben nach der Halb-zehn-Regel", posaunte er laut und selbstbewusst. „Nach halb zehn besprechen wir keine Probleme mehr. Da kann man sich eh nicht mehr konzentrieren und das bringt nichts."

Meine Frage an ihn: „Na ja, kommen nicht dann meistens die Konflikte überhaupt erst auf? Zumindest bei uns ist das so. Wenn wir eine Auseinandersetzung haben, passiert das meistens um diese Zeit. Ab halb zehn geht's bei uns erst richtig los. Irgendwie steigt dann das Risiko für beginnende Konflikte. Klärt ihr eure Konflikte nicht, bevor ihr schlafen geht?"

„Nö, ausgeschlafen kann man sowieso besser über Konflikte reden."

„Und tut ihr das dann auch am nächsten Tag?"

„Manchmal. Nicht immer. Ist ja oft am nächsten Tag schon nicht mehr so wichtig." Seine Frau saß still daneben – sie wirkte traurig auf mich.

Was passiert, wenn man Konflikte nicht sofort angeht? Sehr, sehr häufig geht man sie überhaupt nicht mehr an. *„Schwamm drüber. War eigentlich gar nicht so wichtig"*, heißt dann die Devise. Hört sich zunächst ja auch positiv an, oder? *„Man muss das alles nicht so aufbauschen. Vergessen wir's einfach."* Aber wie viele problematische Ehen zeigen, ist das nicht alles so einfach und positiv.

Ich stelle mir die Problematik oft wie ein Haus vor: In jedem

Haus wird es irgendwann dreckig. Das ist ganz normal. Genauso ist es normal, dass Konflikte entstehen. Wir sind alle Menschen, die gegen Gottes Maßstäbe rebellieren und andere tief verletzen. Konflikte sind unvermeidlich.

Entscheidend ist, was wir daraus machen. Die „Schwamm-drüber-Mentalität" ist eigentlich nichts anderes, als Dreck unter den Teppich zu kehren. Man nimmt es nicht so genau. Teppich drüber. Hauptsache, man muss sich nicht mehr mit dem Dreck beschäftigen. Ist doch wesentlich einfacher so – zumindest für den Moment. Doch was passiert nach längerer Zeit, wenn der Dreck nie bereinigt wird? Er fängt an zu schimmeln und zu modern. Es stinkt. Es wird eklig. Die Luft im Haus wird langsam, aber sicher verpestet.

Genauso verpesten auch ungeklärte Schuld-Dinge, ob groß oder klein, im Laufe der Zeit die Luft. Das kann die Mama-Teenie-Tochter-Luft oder Beste-Freundinnen-Luft sein. Die Ehe-Luft. Die Geschwister- oder Schwiegereltern-Luft. Welcher Wind weht in meinen Beziehungen? Man betrügt sich selbst, wenn man sich einredet, es wäre anders. Ein Hausputz muss her.

Um nicht missverstanden zu werden: Ich bin nicht dafür, dass man aus jeder Mücke einen Elefanten macht. Was ich meine, ist, dass man eine Mücke für genau das halten soll, was sie ist, nämlich eine Mücke. Eine kleine Unannehmlichkeit, die keine Ewigkeit, aber vielleicht doch zwei Minuten in Anspruch nimmt. Ein kurzes *„Tut mir leid, dass ich mich grad im Ton vergriffen habe. Ich wollte nicht harsch sein. Ich bin einfach im Moment so im Stress. Bitte verzeih mir."* Und eine mögliche Antwort darauf: *„Okay. Ich hab mich gerade wirklich angegriffen gefühlt. Das war schon etwas hart gesagt. Aber gut, danke für die Entschuldigung. Ist in Ordnung."*

Es macht mir und wahrscheinlich den meisten Menschen keinen Spaß, Konfliktlösungsgespräche zu führen. Aber es ist wichtig. Denn was passiert, wenn ich mich nicht um diese kleinen Stechviecher kümmere? Man könnte meinen: *„Was ist schon eine*

Mücke? Ein Elefant, okay. Den kann man nicht einfach so ignorieren, wenn er auf einmal in meinem Wohnzimmer auftaucht. Aber eine Mücke? Die ist ja kaum zu sehen." Wer jedoch schon mal in einem Zimmer schlafen wollte, in dem eine Mücke ihr Unwesen trieb, weiß genau: Eine Mücke raubt mir meinen Frieden. Egal wie klein sie auch sein mag. Selbst wenn ich sie kaum ausfindig machen kann. Immer wieder holt sie mich ein und raubt mir durch ihre Stiche und das Gesumme den Schlaf.

Genau das tun diese kleinen Auseinandersetzungen auch, wenn ich sie nicht schnellstens aus der Welt schaffe. Sie scheinen so unbedeutend. Aber nach und nach fügen sie mir kleine Stiche zu, die dann wie verrückt jucken, sich entzünden können und mir weitaus länger meinen Frieden rauben.

Wie wäre es, wenn wir statt der „Halb-zehn-Regel" eine andere Regel befolgen, die wir in der Bibel finden?

Legt euren Zorn ab,
bevor die Sonne untergeht.
Epheser 4,26b (NGÜ)

Konflikte klären, bevor man schlafen geht – in Frieden die Augen schließen. Alles geklärt und bereinigt, wie schön!

Das ist eine Regel, die mich fasziniert und auch motiviert. Mein Mann und ich sind sehr bemüht, diese Regel zu beherzigen. Wir wollen nicht mit Wut aufeinander schlafen gehen. Wir möchten uns vor dem Schlafen noch einen Kuss geben können.

Ehrlich gesagt hat uns das Einhalten dieser Regel schon viele kurze Nächte beschert. Aber: So ätzend das auch in dem Moment ist, so ist es doch der Schlüssel zu einer befreiten und harmonischen Beziehung. Verglichen mit der Freude einer glücklichen Ehe scheinen ein paar Augenringe mehr auf einmal gar nicht mehr so schlimm zu sein. Lieber müde und ein paar Tassen Kaffee mehr als ausgeschlafen, aber gebremst durch die Belastung eines Konfliktes. (Und ganz ehrlich: Wie gut wird man wohl schlafen, wenn man noch mitten im Konflikt steckt?)

Das Gleiche gilt übrigens auch für die Beziehungen zu unseren Kindern und ihren Beziehungen untereinander. Soweit es irgend geht: Versucht, alle Konflikte geklärt zu haben, bevor ihr schlafen geht. Es ist notwendig, um Schönheit und Frieden im Herzenshaus zu haben.

Übrigens: Wusstest du, dass man in Konflikten zwischen einer Beziehungs- und einer Sachebene unterscheiden kann?

Gewöhnlich beginnt ein Konflikt auf der Sachebene. Man streitet sich über eine Sache: das Urlaubsziel, das Weihnachtsgeschenk an die Eltern, die Wandfarbe. Ob man am Wochenende die Garage aufräumt oder lieber einen Familienausflug macht.

Von der Sachebene rutscht man schnell in die Beziehungsebene. Bemerkbar wird das durch Kommentare wie: *„Warum müssen wir eigentlich immer das machen, was du willst?", „Immer weißt du alles besser!", „Ist es dir eigentlich egal, was ich mir wünsche?"*

Auf einmal wird aus einem sachlichen Thema eine Beziehungssache, die schnell Wunden verursacht.

Früher haben mein Mann und ich gedacht, der Konflikt sei erst dann wieder bereinigt, wenn wir nicht nur auf der Beziehungsebene, sondern auch auf der Sachebene alles geklärt haben. Das heißt, wir haben die halbe Nacht diskutiert, bis wir wieder versöhnt waren.

Dann lernten wir bei der Beratungsorganisation *Team F* den Unterschied zwischen Beziehungs- und Sachebene kennen. Mittlerweile klären wir in so einem Fall nur noch die Beziehungsebene sofort, bis alle Wut, aller Frust und alle Enttäuschung beseitigt sind, wir uns wieder in den Arm nehmen und „Gute Nacht" sagen können.

Zu einem späteren Zeitpunkt reden wir in Ruhe über die eigentliche Thematik auf der Sachebene. Und dann läuft das Gespräch gewöhnlich auch sachlicher ab, ohne dass viele Gefühle aufbrechen.

Trainiere dich selbst, Konflikte so schnell wie möglich zu klären und zu vergeben! Wenn der Schmerz, die Wut, die Enttäuschung hochschwappen,
halte inne,
atme tief durch
und entscheide dich zu vergeben.

Entscheide dich, alles Nötige zu unternehmen, um Frieden wiederherzustellen!

Bittere Gedanken und kleinere Streitigkeiten bereits im Keim zu ersticken, verhindert großen Streit und größeren Schaden.

Die Schönheit und Freiheit ist es wert

Puhhh, da haben wir uns ja durch ganz schön schwere Kost durchgearbeitet … Vergebung ist kein leichtes Thema. Es ist nichts, was man locker flockig kurz und schnell anreißt, um dann direkt zu einer leichteren Thematik zu hüpfen. Daher hat das Thema auch viele Seiten in diesem Buch eingenommen. Bestimmt haben die letzten paar Seiten viel in dir aufgewühlt. Bei mir hat sich beim Schreiben zumindest emotional einiges getan. Das Thema ist einfach super herausfordernd.

Ich möchte dich an dieser Stelle ermutigen: Das ist es wert! Ja, es ist schwere Kost, aber diese schwere Kost richtig zu verdauen, führt zu Leichtigkeit und Schönheit.

Bitte verliere nicht den Mut, wenn du an die Dinge denkst, die du vielleicht nun angehen möchtest. Du bist nicht allein! Jesus ist bei dir und möchte mit dir durch all das hindurchgehen. An seiner Hand bist du sicher, auch wenn der Weg dir Angst einjagt. Klammere dich an ihn und bitte ihn, dich mit dem Mut auszustatten, den du grad so dringend brauchst. Er ist treu. Auf ihn kannst du dich verlassen.

Und träume schon jetzt von der Leichtigkeit. Von der Freude, wenn dein Herz befreit ist. Wie du frei lachst. Wie du strahlst. Vielleicht schaust du dir noch einmal kurz das Bild von Corrie Ten Boom an. Lass dich von ihrer Ausstrahlung inspirieren.

Vergebung macht dich und mich schön!

Ich wünsche uns, dass wir liebevoll mit den Schwächen anderer umgehen. Dass wir ein herzliches Wort bereit haben statt ein harsches. Dass wir lachen und andere anstrahlen, statt mürrisch und missmutig zu sein. Diese Dinge machen einen Menschen wunderschön. Ein vergebendes Herz ist über die Maßen attraktiv.

Reflexion

Kannst du befreit durchs Leben gehen oder bist du eine Gefangene deiner eigenen Unvergebenheit?

Wer hat dich verletzt? Und wodurch?

Was hindert dich daran zu vergeben? Worauf wartest du vielleicht noch?

Vielleicht bist du nicht nur das Opfer, sondern auch ein Täter. Gibt es etwas, das du in Ordnung bringen solltest? Wen hast du verletzt? Bist du vielleicht an der Reihe, deine Schuld einzugestehen und jemanden um Vergebung zu bitten? Vielleicht sogar deine Kinder?

Was oder wie viel hat Gott dir vergeben? Vielleicht möchtest du grad einmal für dich ins Gebet gehen und ihm noch einmal deine Dankbarkeit dafür ausdrücken?

Action Step

Vielleicht ist dir eine Person eingefallen, der du noch nicht in deinem Herzen vergeben hast. Diese Sache, die vorgefallen ist, wurmt dich immer noch und schmerzt. Die Worte, die dir gesagt wurden, dröhnen immer noch in deinen Ohren. Dein Magen zieht sich zusammen, wenn du den Namen der Person nur hörst.

Vielleicht bist du es sogar selbst. Manchmal hat man das Gefühl, sich selbst eine Sache nicht vergeben zu können. Man macht sich solche Vorwürfe. Hasst sich vielleicht sogar dafür. Es kann manchmal schwieriger sein, sich selbst zu vergeben als anderen. Aber: Wenn Gott dir vergeben hat, dann kannst du gewiss sein: Es ist dir vergeben und dann darfst du auch dir selbst vergeben!

Es kann helfen, wenn man sich an ein bestimmtes Ereignis oder einen Moment erinnern kann, in dem man dem anderen oder sich selbst vergeben hat. Ein Moment, in dem man losgelassen hat. In dem man Gott alles übergeben hat. Wie wäre es, wenn du heute so einen Moment schaffst? Eine Erinnerung, auf die du dich immer wieder im Alltag berufen kannst.

Es gibt viele verschiedene Möglichkeiten dazu. Du könntest den Namen der Person, der du vergeben möchtest, auf einen Stein schreiben und diesen in einem Fluss oder See versenken. Oder du schreibst ihn auf ein Blatt Papier und verbrennst es im Kamin.

Wenn es einem schwerfällt zu glauben, dass Gott einem etwas vergeben hat, kann man diese Schuld aufschreiben und das Blatt verbrennen oder zerreißen.

Du könntest zum Beispiel auch unter Zeugen (Freundin, Ehemann ...) Vergebung laut aussprechen. Ausgesprochene Worte haben Macht und tragen dazu bei, dass sich die Last vom Herzen heben kann.

Wie auch immer du es angehen möchtest: Schaffe dir ein Erlebnis, das dir ganz praktisch zeigt, dass du die Schuld losgelassen hast und dich nicht mehr länger damit belastest.

5

Dein Körper – ein Wunder

FEIERE, DASS DU EINE MAMA BIST!

Du bist meine wunderschöne Tochter

Meine Liebe!

Weißt du eigentlich, dass dein Körper von mir einzigartig gemacht ist?

Niemals zuvor habe ich eine Frau wie dich geschaffen.

Und niemals wieder werde ich eine Frau wie dich erschaffen.

Du bist einzigartig. Etwas ganz Besonderes. Einfach nur wunderschön!

Auch wenn du körperlich oder geistig eingeschränkt bist.

Auch wenn du oder andere dich beschädigt und verletzt haben.

Ich habe so viel Liebe zum Detail in dich hineingesteckt. So viele kleine Besonderheiten, die genau dich ausmachen. Deshalb bist du nicht eine von vielen. Eine, die in der großen Masse untergeht. Du bist außergewöhnlich.

Du bist meine wunderschöne Tochter.

Weißt du eigentlich, dass dein Körper von mir wunderschön gemacht ist?

Deine Haut. Deine Augen. Dein Lächeln.

Du bist einfach wundervoll.

Ich bedauere, dass du die Schönheit, die ich in dich hineingelegt habe, so oft nicht sehen kannst. Denn sie ist da. Wenn du dich nur einen Augenblick mit meinen Augen sehen könntest – all deine Unsicherheiten in Bezug auf dein Äußeres wären dahin. Kannst du dir das vorstellen?

Du bist meine wunderschöne Tochter.

Weißt du eigentlich, dass dein Körper von mir erstaunlich gemacht ist?

Er ist ein absolutes Wunderwerk. Alle deine Körperfunktionen sind das Ergebnis meiner Meisterhand.

Du bist ein Kunstwerk. Mein Kunstwerk.

Und du bist noch so viel mehr als nur deine äußere Schönheit. Ich möchte mit dir Hand in Hand gehen und dich zu einem wichtigen Teil meiner Geschichte machen. Dafür ist dein Körper nicht unwichtig – ich habe ihn so gemacht, dass er ausführen kann, was ich für dich vorbereitet habe. Ich habe dich begabt, befähigt und berufen. Du kannst einen Unterschied in dieser Welt machen. Dein Einsatz zählt. Und dein Körper ist das Tool dafür.

Du bist meine wunderschöne Tochter.

Weißt du eigentlich, dass du dich über deinen Körper freuen darfst?

Denn ich habe ihn einzigartig, wunderschön und erstaunlich gemacht. Freue dich von ganzem Herzen über dieses Wunderwerk meiner Schöpfung. Sieh auf alles, womit ich deinen Körper so wundervoll ausgestattet habe, auf all deine Fähigkeiten!

Und versuche, dich nicht davon verunsichern zu lassen, dass es Dinge gibt, die dir selbst nicht so gut an dir gefallen. Konzentriere dich auf das, was du gut findest, was dir gefällt.

Ich habe keinen Fehler gemacht, als ich dich erschuf.
Du bist gewollt und geliebt.
Du bist meine wunderschöne Tochter.

Dein himmlischer Vater

Feiere, dass du eine Mama bist

Wir Mamas sollten viel mehr feiern, dass wir Mamas sind.

Ja, richtig gelesen: Feiere dein Mama-Sein! Sei stolz auf das, was du jeden Tag leistest, auf das, was dein Körper alles geleistet hat und täglich tut! Dein Körper ist ein Wunderwerk. Wann hast du das letzte Mal darüber gestaunt? Ist es nicht Wahnsinn, wie Gott uns Frauen ausgestattet hat? Unser Körper ist fähig, Leben hervorzubringen. So wie er, Gott selbst, Leben hervorbringt.

Wir sind nach Gottes Ebenbild geschaffen und diese ganz besondere Seite des Leben-Spendens ist etwas, das Gott nur uns Frauen geschenkt hat. Es ist das, was uns so absolut einzigartig macht. Der Inbegriff der Weiblichkeit.

Die Fähigkeit, Kinder zu empfangen, sie im eigenen Körper wachsen zu lassen und sie zu versorgen, sie zur Welt zu bringen und sie auch dann noch weiter versorgen zu können, ist etwas Einzigartiges und Wundervolles. Staune darüber ... freue dich darüber ... wertschätze dein Mama-Sein!

Leider ist genau diese Wertschätzung des Mama-Seins in unserer Gesellschaft ziemlich abhandengekommen. Frauen werden für viele Fähigkeiten und Eigenschaften wertgeschätzt, aber nicht mehr für ihre Mutterschaft. Wenn eine Frau sich dazu entschließt, mit ihren Kindern zu Hause zu bleiben und Vollzeit-Mama zu sein, erntet sie meist recht wenig bis gar keine gesellschaftliche Zustimmung.

Oft hört man, sie vergeude ihre Fähigkeiten. Sie solle doch lieber wieder arbeiten gehen und damit etwas Sinnvolles tun. Und selbst dann, wenn sie nicht vorhat, ganz zu Hause zu bleiben, sondern lediglich länger bleiben und ihre Elternzeit voll nehmen möchte, kann es sein, dass sie sich dafür rechtfertigen muss. Oder wenn sie gerne mehrere Kinder haben und eine Großfamilie gründen möchte. (Glaub mir ... da hab ich mit unseren fünf Kindern auch schon so einiges erlebt ...)

All diese Aussagen, dieses manchmal auch nur unterschwellige Meinungsbild, machen so viel mit uns! Die fehlende Wertschätzung hat Folgen. Vielleicht sind wir uns dessen noch gar nicht mal bewusst, aber:

Wie oft hat man ein Bild im Kopf von der „Hot-Mess-Mom" oder „Chaos-Mama" in Jogginghose und im Shirt ihres Mannes, ungestylt und mit zerzausten Haaren? Ein Bild, das uns immer wieder vor Augen gemalt wird. In Filmen, Social Media, sonstigen Medien ... Ja, oft sind diese Episoden humorvoll gemeint und sollen uns zum Schmunzeln bringen. Aber dennoch prägen und untermauern sie ein Mama-Bild, das von Chaos, Sich-gehen-Lassen, Überforderung und Stress gekennzeichnet ist. Ein Bild, das die Würde und Eleganz aus dem Mama-Bild gestrichen hat. Ganz sicher nicht das, was wir uns so wünschen. Und ganz sicher nichts, was wir mit Schönheit in Verbindung bringen.

Weißt du, wer mir in diesem Punkt ein Riesenvorbild ist? Die Frau aus Sprüche 31. (Ja, du merkst ... ich lieb sie einfach. ☺) Wir lesen nämlich nicht nur ganz viel über das, was sie tut, sondern auch darüber, wie sie sich kleidet. Spannend, oder? Es heißt über sie:

Sie strahlt Kraft und Würde aus.
Ihre Kleidung besteht aus kostbarem Leinen
und purpurroter Wolle.
Sprüche 31,25a+22 (NGÜ)

Diese Mama kennt ihren Wert und ihr ist bewusst, dass das, was sie als Mutter tut, wertvoll ist. Sie sieht sich nicht als unbedeutend und hilflos an und hat bestimmt nicht das Gefühl, ihre Zeit zu vergeuden. Und diese Einstellung wird nach außen hin sichtbar.

Ihr Auftreten strahlt Kraft und Würde aus. Ich liebe das. Ist das nicht eine wundervolle Beschreibung? *Kraft und Würde* – das komplette Gegenteil zu dieser Jogginghosen-Mama, die gestresst versucht, den Tag zu überleben.

Aber dir ist einfach nach Jogginghosen zumute? Dann ist das auch okay. Meine Liebe, mir geht es hier überhaupt nicht darum, einen unerreichbar hohen Standard zu proklamieren und Schuldgefühle zu verbreiten.

Natürlich kennen wir alle diese Tage, an denen wir uns bescheiden fühlen, unser Haushalt uns über den Kopf wächst, das Baby zahnt und quengelig ist und am liebsten den ganzen Tag nur getragen werden möchte, während die Große nach einem Streit mit ihrer Freundin jemanden zum Zuhören braucht und zu allem Überfluss das Essen angebrannt ist.

So ist das Leben eben. Und das darf es auch sein.

Es gibt Tage, an denen ich auch mal nur in gemütlichen Klamotten rumlaufe. Ich möchte dich nicht unter Druck setzen. Ganz im Gegenteil ... Ich möchte dich ermutigen, dir Wert zusprechen.

Ich wünsche mir so sehr, dass du meine Worte oben als Zuspruch und nicht als Belastung verstehst. Sie sind kein: „So, und bitte sei jetzt zu all den Herausforderungen des Mama-Lebens auch noch würdevoll und gestylt!"

Sondern sie sind ein: „Du bist wundervoll, Mama! Was du bist und was du tust, ist unendlich wertvoll. Lass dir von niemandem einreden, dass es anders wäre. Das darfst du für dich annehmen. Und du darfst das nach außen sichtbar werden lassen. Feiere dein Mama-Sein!"

Über die Frau aus Sprüche 31 lesen wir, dass sie sich mit feinstem Tuch kleidet. Wow, sie hat nicht nur eine schöne innere Ausstrahlung, sondern sie achtet auch auf schöne Kleidung. Ist es nicht spannend, dass wir das in der Bibel finden? Ich liebe diese kleinen praktischen Tipps für unseren Alltag.

Ich glaube übrigens nicht, dass diese Frau ein Vermögen für teure Kleider ausgegeben hat. Das würde nicht zu anderen Bibelstellen passen, in denen wir dazu ermutigt werden, bescheiden an das Thema Kleidung heranzugehen (dazu gleich noch mehr). Bestimmt war ihr Kleiderschrank nicht bis zum Explodieren mit kostbaren Gewändern gefüllt, aber anscheinend hatten die Teile, die sie besaß, eine gute Qualität. Sie verliehen ihrem äußeren Erscheinungsbild damit den Glanz, den auch ihre Ausstrahlung ausmachte: Würde.

Ich mag diesen alten Begriff, weil er etwas Wunderbares transportiert: Achtung vor einem selbst und Achtung vor dem, was man tut. Geht man so nicht gleich ganz anders durch seinen Tag?

Mini-Exkurs: Was ist mit 1. Petrus 3,3-5?

*Nicht der äußerliche Schmuck –
wie kunstvolle Frisuren, goldene Ketten oder
aufwendige Kleidung – soll euch Frauen
auszeichnen. Eure Schönheit soll von innen
kommen! Ein freundliches und ausgeglichenes
Wesen ist euer unvergänglicher Schmuck.
Das ist es, was Gott als wirklich kostbar
ansieht. So haben sich auch früher
die gläubigen Frauen geschmückt.*

1. Petrus 3,3-5 (Hfa)

Diese Bibelstelle zum Thema körperliche Schönheit wurde in christlichen Kreisen schon oft heiß diskutiert. Was also meint Petrus hier genau?

Mein Verständnis ist, dass diese Bibelstelle uns Frauen *nicht* sagen will, dass wir uns nicht hübsch machen dürften. Ich denke, es ging dem Apostel eher um eine *übertriebene* Konzentration auf die äußere Schönheit.

Wenn man alten Quellen Glauben schenkt, so müssen diese als aufwendig bezeichneten Frisuren *wirklich* aufwendig gewesen sein. Es ging anscheinend um kunstvolle Frisurgeflechte, für deren Drapierung man eine gefühlte Ewigkeit – oft mehrere Stunden – brauchte. Das spricht nicht für ein generelles Verbot, sich die Haare mal nett zu stylen.

Ich glaube, es ging dem Apostel Petrus darum, dass man nicht seine ganze wertvolle Zeit verschwendet, um vor dem Spiegel zu stehen. Unsere Haare sind uns Frauen als Schmuck gegeben (1. Korinther 11,14-15). Wir dürfen sie genießen und auf eine schöne Weise tragen. Aber wir sollten nicht unverhältnismäßig viel Zeit in sie stecken.

Genauso ist es meines Erachtens mit den goldenen Ketten und der aufwendigen Kleidung. Lehrt uns diese Bibelstelle, dass wir keine Kette aus Gold oder keine Markenjeans tragen dürfen? Ich bin davon überzeugt: nein. Auch hier geht es um eine übertriebene Art, in seine äußere Schönheit zu investieren. Wir sollen nicht all unser Geld in Schmuck und überteuerte Kleidung stecken. Und auch nicht all unsere Zeit. Das wäre am Ziel vorbeigeschossen, genau davor warnt uns diese Bibelstelle.

Echte, unvergängliche Schönheit ist mehr als unser Körper. Ein freundliches, ausgeglichenes Wesen macht uns erst wirklich schön – das vervollständigt den Look. Nicht eine überteuerte Handtasche.

Mach dir deinen Mama-Alltag schön

Liebe Mama, mit diesem Blick auf das Thema Schönheit möchte ich dich ermutigen: Mach dich hübsch für den ganz normalen Alltag. Und das nicht nur an den Tagen, wo du vielleicht zur Arbeit gehen musst oder einen Arzttermin hast, sondern auch dann, wenn du einfach nur zu Hause bist. Du zeigst damit deinen liebsten Menschen, wie sehr du sie wertschätzt. Dass sie dir wichtig genug sind, um sich für sie schön zu machen. Und allen voran: Du zeigst damit dir selbst, dass du und deine Arbeit wichtig sind. Du sprichst dir selbst damit Würde zu.

Und nur, damit keine Missverständnisse aufkommen: Mit „hübsch" meine ich nicht, dass du dich großartig aufstylst. Ich trage meistens auch nur Jeans, Shirt und Cardigan (wobei ... in letzter Zeit stehe ich auch echt auf Kleider ...) und habe meine Haare fast immer im Dutt oder Pferdeschwanz. Und natürlich ziehe ich keine Bluse an, wenn ich mich um das Unkraut im Garten kümmere, trage kein Kleid, wenn ich den Keller entrümpeln will, und wenn ich krank bin, sehe ich auch dementsprechend aus. Das ist gar nicht das, was ich meine.

Es geht mir einfach nur darum, mich etwas zurechtzumachen und nicht den ganzen Tag auszusehen, als wäre ich grad aus dem Bett gefallen. Denn Hand aufs Herz: Man fühlt sich doch gleich ganz anders, wenn man sich ein wenig hübsch zurecht gemacht hat, oder?

Ich merke immer wieder, dass das bei mir einen riesigen Unterschied macht. Ich fühle mich frischer, motivierter und bin ganz anders drauf. Ich gehe sofort mit viel mehr Begeisterung an meine Aufgaben und habe dadurch das Gefühl, meiner ganzen Arbeit mehr Wert zu geben. Selbst dann, wenn ich eher weniger wichtige Dinge von meiner To-do-Liste abarbeite. Interessant, oder? Was so eine Kleinigkeit mit uns macht.

Und auch unseren Beziehungen tut das gut. Früher, als du deinen Mann kennengelernt hast, hast du bestimmt bei jedem Treffen darauf geachtet, wie du aussiehst, oder? Du bist bestimmt nicht mit Jogginghose (sorry, dieses Ding muss grad einfach mal herhalten ☺) und zerzausten Haaren zum Date gegangen, sondern hast dich für ihn hübsch gemacht.

Warum solltest du damit jetzt aufhören? Er wird sich bestimmt immer noch darüber freuen, wenn er sieht, dass du dich hübsch gemacht hast. Damit kannst du auf ganz simple Weise in eure Ehe investieren, wieder etwas neue Funken versprühen und die Romantik aufleben lassen.

Und auch deine Kinder sind es wert, dass du dich für sie ordentlich zurecht machst. Du zeigst ihnen dadurch, wie wichtig sie dir sind. Natürlich – deinem kleinen Baby von acht Monaten und dem zweijährigen Kleinkind ist es herzlich egal, wie deine Frisur aussieht und was du trägst. Aber deinen älteren Kindern ist es nicht mehr egal. Wie ist es für deine Teenie-Kinder, wenn sie ihre Freunde nach Hause einladen? Sie sind dir bestimmt dankbar (auch, wenn sie das wohl niemals aussprechen würden), wenn du dich hübsch zurechtmachst.

Probier es einfach mal aus – gerade, wenn du das Gefühl hast, nichts Wichtiges zu tun. Wenn dir deine Hausarbeit eintönig vorkommt. Wenn du dich wieder nach mehr Romantik mit deinem Mann sehnst.

Ich finde, das Ganze hat auch viel damit zu tun, das Alltägliche mehr wertzuschätzen. Warum sollte man sein Lieblingskleid nur zu besonderen Anlässen anziehen? Trage es doch einfach mal an einem ganz normalen Montag, wenn du dein Kind vom Kindergarten abholst. Und deinen auffallenden Lippenstift ... warum bis zur nächsten Hochzeit oder Geburtstagsfeier warten? Trage ihn, wenn du deinen Sohn zum Fußballspiel begleitest und ihn anfeuerst. Mach dir eine schöne Frisur, wenn du dich mal nicht so gut fühlst, oder schminke dich besonders schön, wenn ein Termin ansteht, der dich einschüchtert. Oft machen diese Kleinigkeiten so viel mit unserer Psyche und die Chancen stehen gut, dass du viel sicherer in eine schwierige Situation gehst, wenn du dich hübsch fühlst.

Natürlich werden diese kleinen Tricks nicht die Lösung für alle Probleme sein und wahrscheinlich auch nicht alles verändern, aber sie werden dir mit Sicherheit ein anderes Gefühl geben. Das kann manchmal den entscheidenden Unterschied machen.

Liebe Mamis, lasst uns das Mama-Sein wieder neu mit Würde und Schönheit füllen! Lasst uns Mamas sein, die Kraft und Würde ausstrahlen. Die ihren Wert kennen, weil sie wissen, was ihr Schöpfer über sie denkt – dass sie von ihm als Frau und Mama einfach wunderbar geschaffen wurden. Mitten im Mama-Alltag.

Dein Körper – unperfekt, schön, wunderbar

Vielleicht hast du die obigen Abschnitte gelesen und bist dabei traurig geworden (oder hast dich sogar geärgert), weil du schon öfter, als dir lieb ist, erkennen musstest, dass dein Körper nicht alles so bilderbuchmäßig geleistet hat, wie ich das eben geschildert habe. Oder weil du Mama durch Adoption wurdest und dich nicht wiederfinden kannst – für dich habe ich auf den nächsten Seiten noch ein paar Worte.

Vielleicht hattest du Schwierigkeiten, überhaupt schwanger zu werden oder das Baby zu behalten. Vielleicht ist die Geburt so ganz anders verlaufen, als du es dir gewünscht hast, und nach vielen Stunden Wehen hat sie doch in einem Kaiserschnitt geendet. Du fühlst dich seitdem, als habest du versagt, es nicht geschafft. Immer wieder kommt der Neid hoch, wenn du andere Mamis von ihren leichten Geburten erzählen hörst …

Vielleicht sitzt der Schmerz tief, dass du dein Baby entgegen deinem tiefen Wunsch nicht stillen konntest. Du fühlst dich so unvollkommen, so unzureichend. Fragst dich: Warum hat mein Körper das nicht geschafft, was sonst alle können?

Meine Liebe, ich trauere mit dir. Der Schmerz über diese Dinge sitzt tief, er geht an die Substanz. Ich verstehe dich so gut! Auch bei mir lief lange nicht alles perfekt.

Kein einziges Kind kam bei mir ganz natürlich auf die Welt. Drei meiner Kinder mussten mit Kaiserschnitt geholt werden und das eine, bei dem tatsächlich eine normale Geburt geklappt hat, konnte nur mit einer Einleitung kommen, die sich über viele Tage hinzog.

Das klassische „Ich-bekomme-Wehen-fahre-ins-Krankenhaus-und-bekomme-mein-Kind-Ding“ hat tatsächlich kein einziges Mal bei mir funktioniert. Ganz ehrlich: Das hat ordentlich an mir geknabbert. Warum funktionierte das bei anderen, aber bei mir irgendwie nicht?

Wir leben in einer gefallenen Welt voller Leid, Schmerz und Krankheiten. Davon ist auch das „Kinderbekommen“ nicht ausgeschlossen. Und das tut weh. Aber weißt du was?

Traurigkeit über das, was nicht perfekt ist, ist okay. Wir dürfen trauern über das, was wir uns gewünscht haben, was aber nie eingetroffen ist. Und wir dürfen mit diesem Schmerz zu Jesus kommen. Er weiß genau, wie es sich anfühlt, in einer zerbrochenen Welt zu leben. Er weiß, wie sich Enttäuschung anfühlt. Und er hat immer ein offenes Ohr für dich und deinen Kummer.

Er heilt, die zerbrochenen Herzens sind, und verbindet ihre Wunden.
Psalm 147,3 (SLT)

Lass ihn dein zerbrochenes Herz, das über zerbrochene Träume trauert, verbinden und heilen. Er ist mehr als fähig, das zu tun.

Und weißt du was? Das Erlebte muss nicht perfekt sein, um wunderbar zu sein. Was auch immer du in deiner Schwangerschaft durchmachen musstest, wie traumatisch dein Geburtserlebnis auch war, du hältst jetzt ein Wunder in deinen Armen ... dein Kind. Und auch, wenn dieses Kind durch sein Fläschchen zugenommen hat und nicht durch deine Muttermilch, ist es deshalb weniger wundervoll? Natürlich nicht. Dein Kind ist ein Wunder. Und das, was dein Körper geleistet hat, ist ebenfalls ein Wunder. Auch dann, wenn nicht alles nach Plan lief.

Gott hat dich, deinen Körper, gebraucht, um diesen wundervollen Menschen zu schaffen. Ist das nicht unglaublich? Gott hat sozusagen mit dir kooperiert. Er hat dich mit in seinen Plan der Geschichte hineingenommen. Dieser kleine wundervolle Mensch lebt, weil du ihm Leben geschenkt hast. Das alles ist ein Wunder. Und es ist nicht weniger wundervoll, weil der Weg dorthin nicht perfekt war.

Auch dann, wenn dein Körper gar kein Baby zur Welt gebracht hat, sondern du Mutter durch Adoption oder Pflege geworden bist: Du umsorgst dein Kind trotzdem mit diesem Körper. Es sind deine Arme, die dein Kleines wiegen. Deine Hände, die den Brei gekocht haben und nun Löffel für Löffel wertvolle Nährstoffe verabreichen. Dein Mund, der Segen über diesem Kind ausspricht. Deine Lippen, die durch ihren Kuss Tränen zum Versiegen bringen.

Sieh deinen Körper nicht als Feind an, weil er kein Kind geboren hat. Er ist dennoch ein Wunder. Auch wenn dieses Wunder anders aussieht, als du dir vielleicht gedacht hast. Dein Körper ist trotzdem zu einem Segen und Geschenk für dieses Kind geworden.

DU bist ein Segen und Geschenk für dein Kind geworden.

Der HERR,

dein starker Gott,

der Retter, ist bei dir.

Begeistert freut er sich an dir.

Vor Liebe ist er sprachlos ergriffen

und jauchzt doch mit lauten

Jubelrufen über dich.

Zefanja 3,17 (NL)

Äußere Schönheit – neu definiert

Meine Kinder lieben meinen flauschigen Bauch. Ständig kuscheln sie sich an mich und sagen: „Du bist so schön weich!" Es soll ein Kompliment sein … ich weiß es eigentlich. Und doch trauere ich in diesen Momenten so häufig meinem „alten" Bauch nach, der flach und halbwegs fest war. Kannst du das vielleicht nachempfinden?

Aber dann frage ich mich: Ist es nicht eigentlich nur eine Sache der Perspektive? Meine Kinder lieben meinen weichen Mama-Bauch. Warum denke ich dann die ganze Zeit, dass er so wie als Nichtmama sein müsste? Er wurde gebraucht. Für die größten Wunder, die in meinem Körper je passiert sind. So wundervolle Kinder sind dort versorgt worden.

Sind nicht eigentlich auch all die anderen äußerlichen Folgen des Kinderbekommens etwas Wunderschönes, wenn man sie neu definiert? Ja, nach der Definition unserer Gesellschaft kann man vielleicht nicht mehr blendend mithalten. Aber warum sollte das der Maßstab sein? Warum sollten nicht viel mehr andere Faktoren definieren, was schön ist?

Unser Mama-Körper ist ein Zeichen der Liebe. Durch die Liebe zu unserem Mann sind wir schwanger geworden. Die Strapazen der Schwangerschaft und der Geburt haben wir aus Liebe zu unserem Kind ertragen. Die Schwierigkeiten und Schmerzen beim Stillen haben wir ebenfalls aus Liebe zu unserem Kind auf uns genommen, genauso wie die Anstrengung des Lebens mit ihnen, wenn Schlafmangel, Kinder tragen, kranke Kinder umsorgen und vieles mehr unserem Körper bildlich gesprochen Kratzer, Macken und Risse zufügen (okay, manchmal auch wortwörtlich).

Unser Körper ist kein Gemälde, das nur zum Betrachten gemacht wurde (dazu erzähle ich später noch mehr). SONDERN unser Körper ist ein meisterhaftes Kunstwerk aus Gottes Hand. Ist dir schon einmal aufgefallen, dass Gott, der Meisterkünstler, über alles, was er schuf, „gut“ aussprach, aber nur über den Menschen ein „sehr gut“? (Du kannst es in 1. Mose 1 nachlesen.)

Meine Liebe, du bist sehr gut geschaffen. Wundervoll erdacht und geplant. Mit Meisterhand geformt und mit Liebe bis ins kleinste Detail gestaltet. Dein ganzer Körper ist wundervoll – egal welche Wege Gott mit dir gegangen ist. Er hat einen individuellen Plan für jede von uns.

Deine Schwangerschaftsstreifen sind ein wunderschöner Beweis dafür, dass dein Körper für seine hohe Bestimmung gebraucht wurde. Deine Brüste, die dir wahrscheinlich nach dem Stillen etwas ausgeleiert vorkommen, haben nicht an Attraktivität verloren. Sie wurden gebraucht, um dein Kind zu ernähren. Deine Kaiserschnittnarbe ist eine wundervolle, sichtbare Erinnerung daran, dass du deinem Kind Leben geschenkt hast.

All diese (und auch alle anderen) „Schwangerschafts-Geburts-Still-und-sonst-was-Mama-Zeichen“ sind Zeichen deiner aufopferungsbereiten Liebe als Mutter. Dein Körper hat durch dein Mutter-Sein nicht an Attraktivität verloren, er hat an Schönheit dazugewonnen.

Liebe macht schön. Gottes Bestimmung zu leben macht schön.

Erinnerst du dich, wie ich in der Einleitung davon erzählt habe, dass Jesus selbst körperliche Merkmale davon zurückbehalten hat, dass er uns seine Liebe geschenkt hat? Ich finde diesen Punkt so wichtig und auch so tröstlich, deshalb erinnere ich dich einfach noch mal kurz daran. Bis in alle Ewigkeit zeigt Jesu Körper, dass er aus Liebe sein Leben für uns gab, damit wir leben dürfen. Und genauso zeigt dein Körper bis an dein Lebensende, dass du aus Liebe dein Leben für dein Kind gegeben hast, damit es leben darf.

Was für ein Trost steckt in dieser Wahrheit? Ich kann einfach nur staunen.

Stellt euch ihm als Werkzeuge
der Gerechtigkeit zur Verfügung,
ohne ihm irgendeinen Bereich
eures Lebens vorzuenthalten.

Römer 6,13 (NGÜ)

Dein Körper ist ein Werkzeug

Äußere Schönheit ist nicht alles. Unser Körper ist ein Werkzeug, zum täglichen „Gebrauch" geschaffen. Und wenn man etwas *ge*braucht, *ver*braucht es sich auch. Dann entstehen hier und da Kratzer, Macken, kleine Risse. Wie zuvor schon erwähnt, ist unser Körper kein Gemälde, das nur dazu gemacht wurde, um schön auszusehen.

Hast du darüber schon mal nachgedacht? Oder kann es sein, dass du deinen Körper viel zu häufig als ein Gemälde betrachtest? Als etwas, dessen höchstes Ziel die Schönheit ist? Ich bin kein Kunstkenner, aber ich kann mir vorstellen, dass es eine Katastrophe ist, wenn ein Gemälde einen Kratzer abbekommt. Wahrscheinlich verliert es dann einen großen Teil seines Werts.

Wenn wir unseren Körper in einem ähnlichen Licht sehen, ist es verständlich, dass wir schlecht damit zurechtkommen, wenn er an Schönheit abbaut. Dann werden die Folgen von Schwangerschaft, Geburt und Stillzeit (oder auch Krankheiten und Alter) auf einmal zu einem riesigen Problem. Die Schwangerschaftsstreifen sind wie Risse, die einmal quer durch das kunstvolle Bild gehen. Die extra Kilos wie eine ausgeleierte Leinwand, die die Spannkraft verloren hat, und nun das Motiv nicht mehr im besten Licht präsentieren kann.

Beschleicht dich manchmal das mulmige Gefühl, dass du an Wert verloren haben könntest, seitdem dein Körper nicht mehr so aussieht wie früher? Ganz ehrlich: Mir geht es manchmal so. Der Gedankensprung zu „damals war ich noch besser" ist manchmal gar nicht so weit entfernt. Kennst du das auch?

Das Problem liegt darin, dass wir dann den Zweck unseres Körpers missverstehen. Er ist nicht dazu da, um nur schön auszusehen. Er ist geschaffen worden, um gebraucht zu werden. Über das Wunder von Schwangerschaft, Geburt und Stillzeit haben wir ja eben schon gesprochen. Aber das ist noch lange nicht alles!

Überleg mal, was du sonst noch den ganzen Tag über machst: Du kochst und versorgst deine Familie mit wertvoller Nahrung; du wäschst Wäsche und hältst alles sauber; du bringst deinen Kindern bei, wie sie ihre Matheaufgaben lösen und ihre Schnürsenkel binden können. Du singst Schlaflieder und tröstest Tränen mit deinen Armen und Küssen weg. Du bist für deinen Mann da, für deine Freundinnen, deine Eltern, deine Geschwister. Du hast vielleicht einen Job und verdienst Geld für die Familie. Dein Kopf, deine Hände, deine Füße leisten jeden einzelnen Tag so unfassbar viel.

Verweile doch mal darin. Und feiere deinen Körper für das, was er täglich leistet. Er ist ein wundervolles Power-Werkzeug, mit dem dir sämtliche Türen offenstehen. Überlege einmal, was du alles tun könntest. Verschwende nicht so viel Zeit, darüber nachzudenken, wie dein Körper aussieht, und freue dich lieber über all das, was er leisten kann.

Und lass uns gemeinsam Dankbarkeit für diese Dinge üben. Hast du schon mal darüber nachgedacht, dass es schwer ist, gleichzeitig dankbar und deprimiert über eine Sache zu sein? Deshalb wähle die Dankbarkeit.

Vielleicht nimmst du dir grad mal einen kurzen Moment. Lass uns einen Mini-Action-Step machen:

Schnapp dir einen Zetel und schreib alles auf, was dich an deinem Körper stört.

Dann notiere darunter, was du denkst, was deine Berufung in dieser Welt ist.

Wofür wurdest du geschaffen?

Was ist deine Aufgabe?

Wie willst du Gott und Menschen dienen?

Wenn du das getan hast, gehe jeden einzelnen Punkt deiner ersten Auflistung durch und überlege, ob die Dinge, die dich so an deinem Äußeren stören, hinderlich für deine Berufung und Aufgabe sind.

Ohne zu wissen, was du aufgeschrieben hast: Ich tippe mal, dass die meisten Dinge dich wahrscheinlich nicht davon abhalten werden, deine Berufung zu leben.

Natürlich: Nach einer schweren Krankheit und durch das Alter kann das schon der Fall sein, aber ich bin überzeugt, dass sich durch solche Dinge auch die Art und Weise unseres Dienstes verändert. Gott betreut uns nie mit einer Aufgabe, die wir nicht umsetzen können, weil wir krank oder älter geworden und in unserem Handeln eingeschränkter sind. Aber das ist ein anderer Punkt. Hier geht es mir tatsächlich eher um die klassischen und häufigen Veränderungen des äußeren Erscheinungsbildes durch das Mama-Werden, die uns so oft belasten können.

Ist das nicht etwas total Ermutigendes? Wir sind wahrscheinlich immer noch fähig, das zu tun, wozu wir berufen worden sind. Wir können immer noch unseren Leidenschaften nachgehen und unseren Dienst tun. Die körperlichen Veränderungen, die uns nicht gefallen, hindern uns nicht an den wirklich wichtigen Dingen.

Schon seit vielen Jahren ist es mein Gebet, ein Werkzeug in Gottes Hand sein zu dürfen, aber irgendwie ist mir früher gar nicht so bewusst gewesen, dass einer der Wege Gottes, mich zu gebrauchen, genau dieser ist: Mein Körper ist ein Werkzeug in seiner Hand, um meine Kinder in die Welt zu bringen. Und genauso ist auch dein Körper ein Werkzeug in seiner Hand, um deine Kinder zu erschaffen. Was für ein Wunder.

Natürlich heißt das nicht, dass unser Mama-Sein unsere einzige Berufung wäre. Ich glaube, dass Gott uns noch für viele andere Aufgaben begabt und beruft. Aber unsere Berufung als Mama ist definitiv eine der ganz besonderen unter ihnen.

Wenn du das nächste Mal deprimiert über dein Äußeres bist, erinnere dich daran, dass dein Körper mehr ist als ein Gemälde – er ist ein wertvolles Werkzeug in Gottes Hand, um einen Unterschied in dieser Welt zu machen, um anderen zu dienen, zu lieben und um Leben zu spenden. Ich glaube, dass es uns guttut, unseren Körper häufiger in diesem Licht zu sehen.

Noch eine kleine Anmerkung. Mir ist es ganz wichtig, dass hier niemand von der falschen Seite vom Pferd fällt und denkt: „Mein Körper ist nur was wert, wenn er leistungsfähig ist."

Das ist überhaupt nicht das, was ich transportieren möchte. Wir sind Werkzeuge in Gottes Hand, aber wir sind eben nicht NUR Werkzeuge. Wir sind auch seine Kinder, seine Braut, seine Schafe etc. Die Werkzeug-Metapher ist kein umfassendes Bild für uns und unseren Körper, sondern nur eines, um zu verdeutlichen, dass wir nicht an Wert verlieren, wenn unser Körper „Schrammen" abbekommt.

Praktische Tipps, wie du deinem Körper etwas Gutes tun kannst

An diesem Punkt könnte man gefühlt eine Million Aspekte aufnehmen. Das Internet und die Bücherwelt sind voll von Tipps rund um dieses Thema. (Da sehen wir wieder: Unsere Welt legt einen unverhältnismäßig großen Fokus auf körperliche Schönheit …) Und mit großer Wahrscheinlichkeit hast du sowieso schon deine besten Wege längst herausgefunden. Wenn das so ist: Super!

Daher teile ich einfach nur kurz, was mir sinnvoll erscheint und wie ich persönlich mit diesem Thema umgehe.

Nimm dir morgens Zeit für dich

Meine ganz große Empfehlung: Stehe vor deinen Kindern auf.

Ich weiß, das klingt hart. Aber eigentlich soll es gar nicht hart sein, sondern vielmehr eine Einladung, dir Zeit für dich zu nehmen. Denn das ist etwas, was uns Mamas häufig nicht so leichtfällt. Wir denken an alle anderen, aber vergessen uns selbst dabei.

Vielleicht bist du eine Mama, die erst zusammen mit ihren (kleinen) Kindern aufsteht, um maximal viel Schlaf zu bekommen. Das ist total nachvollziehbar! Aber kann es sein, dass dadurch automatisch Chaos in deinem Tagesablauf entsteht? Dass du im Endeffekt den ganzen Tag nicht mehr dazu kommst, dich um dich selbst zu kümmern, dich hübsch anzuziehen, geschweige denn dich zu schminken oder zu frisieren?

Ich habe die Erfahrung gemacht, dass ich das alles vermeiden kann, wenn ich VOR den Kindern angezogen bin, um bereit zu sein für den Tag mit ihnen und den vielen Aufgaben als Mama.

Meine Liebe, erlaube dir, dich gut um dich selbst zu sorgen. Es ist kein schlechter Egotrip, wenn du dich um dich kümmerst. Eigentlich gehört es sogar zu unseren absoluten Grundbedürfnissen als Frauen und sollte ganz selbstverständlich sein. Aber wie schnell vergisst man sich als Mama, weil man für alle anderen da sein möchte und einfach so ein großes Herz hat …

Ich möchte dir Mut zusprechen, dir diese Zeit wirklich zu nehmen. Gönn dir ein paar Extraminuten am Morgen, um dich in Ruhe fertig zu machen. Ja, ich weiß: Die paar Extraminuten könntest du gut an Schlaf gebrauchen. Aber ich bin überzeugt, dass wir unter dem Strich mehr davon haben, wenn wir 15 Minuten weniger Schlaf haben, aber dafür nicht in den Tag stolpern.

Und ja, es kann sein, dass dein Baby sofort aufwacht, wenn du nur versuchst, dich einen Zentimeter wegzuschleichen. Natürlich ist das dann alles andere als leicht. Aber vielleicht kannst du für dieses Problemchen eine Lösung mit deinem Mann finden: z.B. dass er morgens vor der Arbeit kurz ein paar Minuten reserviert, um sich um die Kids zu kümmern, während du schnell ins Bad huschst. Oder für alleinerziehende Mamas: Wäre es eine Idee, das Baby im Bad in einen Maxi-Cosi oder eine Wippe zu setzen oder ins Tuch zu nehmen, während du dich schminkst und frisierst?

Sicher gibt es immer mal wieder Phasen, in denen all das sehr herausfordernd sein kann – in diesen Momenten dürfen wir gnädig mit uns selbst sein. Die Welt geht nicht unter, wenn wir es nicht schaffen, in Ruhe ins Bad zu gehen. Es wird auch wieder andere Phasen geben. Damit können wir uns trösten. Aber wir dürfen eben auch aktiv nach Wegen suchen, wie wir möglichst zügig eine Lösung finden. Denn damit tun wir uns selbst etwas Gutes.

Du darfst dir das wert sein. (Auch wenn gerade uns Christen das manchmal gar nicht so leichtfällt, oder?) Geh aufrecht und mit Würde durch deinen Mami-Alltag. Du bist etwas Besonderes … du bist eine Mama!

Plane Fitness ein

Körperlich fit zu sein, tut uns so gut. Es hält uns gesund und macht viel mit unserer Psyche. Es ist immer wieder erstaunlich, wie gut man sich plötzlich fühlt, wenn man sich zum Workout aufgerafft hat. Plötzlich werden unendlich viele Endorphine auf einmal freigesetzt – und das ist spürbar. Im Nu haben wir ein ganz anderes Körperempfinden. Und was das Ganze mit unserer Gesundheit macht, ist wirklich erstaunlich.

Unser Körper ist der Tempel des Heiligen Geistes – das hast du sicher schon oft gehört. Aber hast du das auch schon mal auf deine körperliche Fitness angewendet?

Er soll ein wertvolles Werkzeug in Gottes Hand sein. Ganz pragmatisch bedeutet das: je fitter ich bin, desto effizienter werde ich höchstwahrscheinlich sein. Klar, natürlich gilt das nicht für jeden

Dienst, den ich übernommen habe. (Was ja auch gut ist – gerade dann, wenn ich nach Krankheiten oder einfach durch das Älterwerden nicht mehr so kann. Gott kann jeden gebrauchen. Egal, wie krank oder schwach er ist.) Aber: Wenn ich mich fit und gesund halte, bin ich einfach belastbarer. Ich brauche wahrscheinlich weniger Pausen, bin energiegeladener und einfach allgemein motivierter.

Natürlich heißt das nicht, dass wir jetzt alle jeden Tag drei Stunden HIIT-Workouts (Hochintensitäts-Intervall-Training – wie sollte eine Mama dafür auch bitte Zeit haben?) in unseren Tagesplan quetschen sollen. Es geht mir hier mehr um Ausgeglichenheit, nicht um einen übertriebenen Fokus auf unseren Körper.

Körperliche Bewegung kannst du gerade als Mami mit jüngeren Kindern gut in deinen Tag einbauen, weil deine Kids wahrscheinlich eh immer wieder rausgehen und beschäftigt werden wollen. Geh doch einfach jeden Tag eine halbe Stunde spazieren und lass deine Kinder mit Laufrädern daneben herdüsen. Mit diesen Dingern können selbst Kleine ein echt schnelles Tempo aufbringen. Da musst du schon fast hinterherjoggen, wenn du sie einholen willst.

Oder geht auf den Spielplatz: Anstatt dich auf die Bank zu setzen und zuzuschauen, komm in Bewegung. Tob mit deinen Kindern zusammen auf dem Spielplatz. Schubse sie auf der Schaukel an, spiel mit ihnen Fangen, klettere mit ihnen auf das Klettergerüst. Sie werden es lieben, eine aktive Mami zu haben, die mit ihnen spielt. Du bleibst dabei fit und ganz nebenbei werdet ihr wundervolle Erinnerungen schaffen.

Und wenn dein Baby noch klein ist: Auch mit einem Kinderwagen, den du schiebst, kannst du ein gutes Tempo erreichen. Wie wäre es, wenn du, anstatt gemütlich vor dich hinzuschlendern, einmal deine Sportklamotten und Sportsneakers anziehst und mit Kinderwagen joggst oder walkst? Überhaupt ist es eine gute Sache, Sportkleidung anzuziehen, wenn du dich motivieren möchtest, Sport zu machen. Allein die farbenfrohen T-Shirts und Sporthosen sorgen schon oft dafür, dass man sich sportlich, aktiv und motiviert fühlt.

Auch kleine Kraftübungen auf dem Fußboden lassen sich toll mit kleinen Kindern zusammen machen. Meine kleine Tochter liebt es, auf mir herumzuklettern, während ich Sit-ups oder andere Übungen mache. Und sie spielt gerne Hantel für mich: Ich nutze sie wie ein Gewicht und hebe sie hoch und runter – für sie ist es einfach nur ein lustiges Spiel, ich aber trainiere damit meine Arme, Beine, Bauch- und Rückenmuskulatur. Win-win!

Mit größeren Kindern ist es ja sowieso schon einfacher. Da kannst du dich ohne große Probleme mal für eine halbe Stunde zurückziehen, um ein Sportvideo mitzumachen oder draußen laufen zu gehen.

Du siehst, es muss nicht immer etwas Großes sein. Nutze die vielen kleinen Möglichkeiten, die dein Mama-Alltag so hergibt, um in Bewegung zu bleiben (eine kleine Regel kann zum Beispiel auch sein: immer Treppen gehen und keine Aufzüge benutzen – natürlich nur, wenn du gerade keinen Kinderwagen schiebst).

Achte auf eine gute Ernährung

Neben sportlichen Momenten finde ich es wirklich wichtig, ein Auge auf meine Ernährung zu haben. Das, was wir essen, bestimmt zu einem großen Teil, wie wir uns fühlen und wie gesund wir sind. Ich merke es immer wieder: Wenn ich nachlässig mit meiner Ernährung werde, spüre ich das immens schnell: Antriebslosigkeit, weniger Energie, schlechteres Körpergefühl … alles Dinge, die wir so gar nicht wollen.

Im Gegensatz dazu fühle ich mich frisch, energiegeladen und voller Tatendrang, wenn ich mich gut und gesund ernähre und auf meine Vitamine achte. (Wir nutzen schon seit vielen Jahren Nahrungsergänzungsmittel, weil in unserer Nahrung leider nicht mehr das an Nährstoffen steckt, wie es früher einmal war. Absoluter Gamechanger ...).

Ich bin viel motivierter und auch kraftvoller, auf meine körperliche Bewegung zu achten, meine kognitiven Fähigkeiten sind schärfer und ich fühle mich einfach um Welten besser. Kurzum: Es lohnt sich wirklich, sich im Bereich der Ernährung nicht einfach gehenzulassen.

Aber auch hier: natürlich nicht übertreiben. Ich sehe kein Problem darin, Ausnahmen zu machen und immer wieder einmal „Cheat Days“ einzubauen, also Tage, an denen wir einfach essen, worauf wir Lust haben, selbst wenn es nicht allzu gesund ist. Auch das ist für uns wichtig. Kaum einer möchte sich fühlen, als wäre er in selbst gemachten Regeln eingesperrt.

Es geht nicht darum, deinen Bauch zu deinem Gott zu machen (wie uns Philipper 3,19 warnt) und dich verrückt zu machen mit dem, was du isst oder eben nicht isst. Es gibt wichtigere Dinge im Leben als Essen. Achte einfach im Großen und Ganzen auf eine gesunde und ausgewogene Ernährung, ohne dich damit zu versklaven. Das wird deiner Gesundheit und deiner Psyche guttun. Und deiner Familie übrigens auch.

Versuche ausreichend zu schlafen

Auch Schlaf ist extrem wichtig für unseren Körper. Eigentlich wissen wir es ja so gut: Wir brauchen ausreichend Schlaf. Und doch gehen wir immer wieder zu spät ins Bett und kommen dann morgens nicht aus den Federn. Dadurch kann ein ziemlich destruktiver Kreislauf beginnen.

Letztendlich nützt es alles nicht – es steht und fällt mit unserer Disziplin. Überlege dir, wie viel Schlaf du brauchst, um fit und frisch zu sein und gut deine Aufgaben des Tages bewerkstelligen zu können. Und dann handle danach; geh diszipliniert zur richtigen Zeit ins Bett. Das fällt mir auch immer wieder schwer, aber was will man machen? Wir brauchen unseren Schlaf. Vielleicht hilft es, ein Hörbuch mit Timer-Funktion im Bett zu hören. Oder wenn ich mich noch lange mit meinem Mann unterhalte, könnte man das Gespräch ins Bett verlegen, wo man schneller zur Ruhe kommt? Oder wenn ich abends immer noch viel aufräume und verschiedenste Sachen erledige, kann ich mir vielleicht einen Timer stellen, der mich ans Zu-Bett-Gehen erinnert?

Schwierig ist es natürlich immer mit Babys und kleinen Kindern, die uns nachts auf Trab halten. In dieser Lebenssituation kann man von ausreichend Schlaf nur träumen (wenn man denn schlafen und träumen könnte ...). Leider bringt das Leben mit den Allerkleinsten solch eine Entbehrung einfach mit sich. Und das ist echt hart, ich habe selbst auch immer sehr unter diesem Schlafmangel gelitten.

Auch in anderen Lebenssituationen wird es immer wieder Zeiten geben, in denen wir weniger Schlaf bekommen (durch Krankheiten zum Beispiel). Das müssen wir einfach akzeptieren und versuchen, das Beste daraus zu machen. Diese Zeit werden vorübergehen. Und bis es so weit ist: Vielleicht gibt dein Tag es her, dass du dich einmal kurz hinlegst? Oder dass du am Wochenende etwas Schlaf nachholst?

Ein Tipp übrigens, wie du die Qualität deines Schlafes gut unterstützen kannst: Nutze hochwertige (unbedingt drauf achten!) ätherische Öle. Wir als Familie lieben es, abends und nachts unsere Schlafräume durch Diffuser mit wundervollen und beruhigenden ätherischen Ölen zu durchfluten. Auch äußerlich kann man diese Öle ganz toll auftragen, um den ganzen Organismus auf Schlaf einzustimmen und Stress loszulassen. Ich merke wirklich, ob ich meine Öle benutze oder nicht. Auch das: Absoluter Gamechanger!

Trage gute Kleidung

Mein bester Tipp, den ich dir für deine Kleidung geben kann: Gestalte dir deine *Capsule Wardrobe,* deine minimalistische Kleiderausstattung. Das spart dir so viel Zeit, Energie, Nerven und Geld.

Es ist gar nicht kompliziert, sich solch eine minimalistische Garderobe zusammenzustellen. Es bedeutet einfach: Besitze nur deine Lieblingsteile, in denen du dich wohlfühlst, und sortiere alle anderen Sachen aus.

Und wenn du etwas Neues benötigst: Mache dir vorher ganz genau Gedanken dazu, was du magst und was dir steht (Farbe, Schnitt, Material) und auch, was du womit kombinieren kannst. Es bringt ja nichts, eine tolle Hose zu haben, die zu nichts aus deinem Kleiderschrank passt. Dann müsstest du wieder passende Sachen nachkaufen und, und, und … Das ist unnötig und kann durch ein wenig Planung vermieden werden.

Wenn du dich gerne mehr damit befassen möchtest, schaue gerne einmal in mein Buch „Minimalismus Mom". Da findest du ganz viele Tipps zum minimalistischen Lebensstil als Mama.

Eine *Capsule Wardrobe* sorgt dafür, dass du morgens immer schnell fertig bist, dir alles in deinem Schrank gefällt, du überall drin gut aussiehst und du weniger Stauraum und Geld benötigst. Geniiiaaaal! Übrigens kannst du dadurch auch besser auf qualitativ gute Stücke setzen – denn wenn du weniger hast und kaufst, dürfen die Teile, die du kaufst, ja auch ein paar Euro mehr kosten. Qualität zahlt sich letztlich einfach aus, weil die Sachen länger gut aussehen und du weniger häufig etwas ersetzen musst.

Investiere in gute Pflegeprodukte

Neben guter Ernährung und einer minimalistischer Garderobe bin ich auch ein großer Fan von hochwertigen, natürlichen Pflegeprodukten. In vielen Pflegeprodukten finden sich leider Unmengen an schädlichen Chemikalien. Die ganzen dort enthaltenen Schadstoffe schaden unserem Körper und machen ihn langfristig krank. Das ist nichts, was ich meiner Familie oder mir selbst zumuten möchte.

Wir setzen schon lange auf natürliche, hochwertige Produkte und ätherische Öle für unsere Körperpflege und sind begeistert davon. Auch dabei merken wir: Es tut unserem Körper einfach gut, weil wir damit die Schadstoffe auf unseren Körper reduzieren. Das hat viel mit Achtsamkeit zu tun und natürlich auch mit einer guten Pflege des Körpers, den Gott uns anvertraut hat. Lasst uns gut und verantwortungsvoll mit seinem Tempel umgehen.

Ja, ehrlich gesagt bedeutet das tatsächlich, dass wir für diesen Bereich unseres Lebens mehr Geld ausgeben. Produkte aus den Drogerie- und Supermärkten sind im Verhältnis dazu billig (frage dich mal, warum ...), aber sie tun uns nicht gut. Ich bin davon überzeugt, dass dieser Lebensbereich es wirklich wert ist, finanziell mehr zu investieren.

Wenn wir in unsere Gesundheit investieren wollen, kommen wir um diesen Lebensbereich nicht herum. Wir können noch so sehr auf Fitness und gute Ernährung achten ... wenn wir unseren Körper diesen Schadstoffen in vielen Cremes, Make-ups, Mascaras, Shampoos, Deos, Zahnpastas, Waschmitteln, Reinigern, Babyfeuchttüchern und mehr aussetzen, kann das zu einem Problem werden.

Wir als Familie verzichten lieber in anderen Lebensbereichen und treten dort finanziell etwas kürzer, damit wir auf gute, natürliche und schadstofffreie Pflegeprodukte setzen können. Langfristig tun wir uns damit einen riesigen Gefallen.

Bist du ein Make-up-Typ?

Tja, beim Make-up scheiden sich die Geister. Manche schwören darauf und wollen ohne nicht aus dem Haus, andere fühlen sich damit verkleidet. Egal, zu welcher Gruppe du gehörst: Geh damit so um, wie du dich wohlfühlst.

Wir finden in der Bibel dazu kein direktes Verbot oder Gebot. Ich glaube, dass es letztlich einfach eine persönliche Entscheidung des Herzens und des Geschmacks ist, ob und auch wie du Make-up benutzt. Beides ist schön: absolut natürlich, aber auch gut geschminkt. Handhabe es so, wie du es magst und wie es deine Herzensüberzeugung ist (oder frag auch mal deinen Mann, was er gerne an dir mag).

Wenn du dein Können im Bereich Make-up etwas verbessern willst, schau doch ruhig mal ins Netz. Es gibt viele tolle How-to-Videos, von denen du dir den ein oder anderen Trick abschauen kannst. Mit ein wenig Übung bist du morgens ratzfatz mit einem hübschen Make-up fertig, ohne viel Zeit dafür zu verschwenden.

Fühl dich wohl

Wir sind alle unterschiedlich – und das ist gut so! Gott hat uns mit Absicht so verschieden gemacht und wir dürfen das von ihm annehmen. Gerade beim Thema der äußerlichen Schönheit finde ich es so wichtig, dass wir das nicht vergessen: Jeder ist anders, hat einen anderen Geschmack, ein anderes Körpergefühl, andere Prioritäten ...

Finde deinen persönlichen Weg heraus. Ich hab dir meinen gezeigt, habe dir ein paar Tipps gegeben. Entdecke nun, was zu dir passt, wie du dich hübsch fühlst, was deinem Körper guttut ...

Und dann feiere deine Weiblichkeit und dein Mama-Sein. Auf deine ganz persönliche Art.

Wann hast du Gott das letzte Mal für die Fähigkeiten deines Körpers gedankt? Siehst du ihn mehr als Gemälde oder mehr als Werkzeug? Feierst du deinen Körper für das, was er kann?

Kannst du feiern, dass du eine Mama bist?

Machst du dich auch einfach mal so schön zurecht oder wartest du gewöhnlich immer auf die passenden Anlässe dazu?

Wie könntest du deinen Alltag so gestalten, dass etwas Zeit für dich bleibt (morgens früher aufstehen, um dich fertig zu machen, Bewegung am Tag usw.)?

Action Step

Dein Körper ist ein wundervolles Geschenk, das Gott dir gemacht hat. Das er mit viel Liebe erdacht und geschaffen hat.

Erinnere dich immer wieder daran, dass du achtsam mit dir umgehen darfst, für deine eigene Gesundheit und Fitness sorgen darfst. Vielleicht hilft dir ja dieser prägnante Satz aus Gottes Wort:

Der Kluge hält sein Werkzeug in Ordnung.
Prediger 10,10 (Hfa)

Dein Körper ist ein wertvolles Werkzeug. Überlege dir, was du dir konkret für deinen Körper wünschst.

Möchtest du gesünder werden? Musst du dafür vielleicht etwas in deiner Ernährung umstellen?

Möchtest du fitter werden? Wie könntest du mehr Bewegung und Sport in deinen Alltag einbauen?

Möchtest du dich häufiger einfach mal ein bisschen hübsch machen? Was brauchst du dafür?

Hast du mal über eine *Capsule Wardrobe* nachgedacht? Sortiere doch mal deinen Kleiderschrank aus, dass er nur noch aus deinen Lieblingsstücken besteht.

Besprich deine Notizen im Gebet mit Gott und überlege dir, wie du alles umsetzen kannst, was er dir aufs Herz legt.

Ganz wichtig: Überfordere dich nicht. Du musst nicht das Gefühl haben, alles gleichzeitig hinbekommen zu müssen. Nimm dir doch vielleicht eine Sache vor, die du angehst, und baue eine Routine darin auf (kann 6 – 8 Wochen dauern). Wenn das klappt, nimm eine zweite Sache dazu. Oder: Viele kleine Schritte führen auch zum Ziel – miste für den Anfang 2 ungesunde Essensroutinen, 3 schädliche Pflegeprodukte und 4 Kleidungsstücke aus und schau dann weiter ...

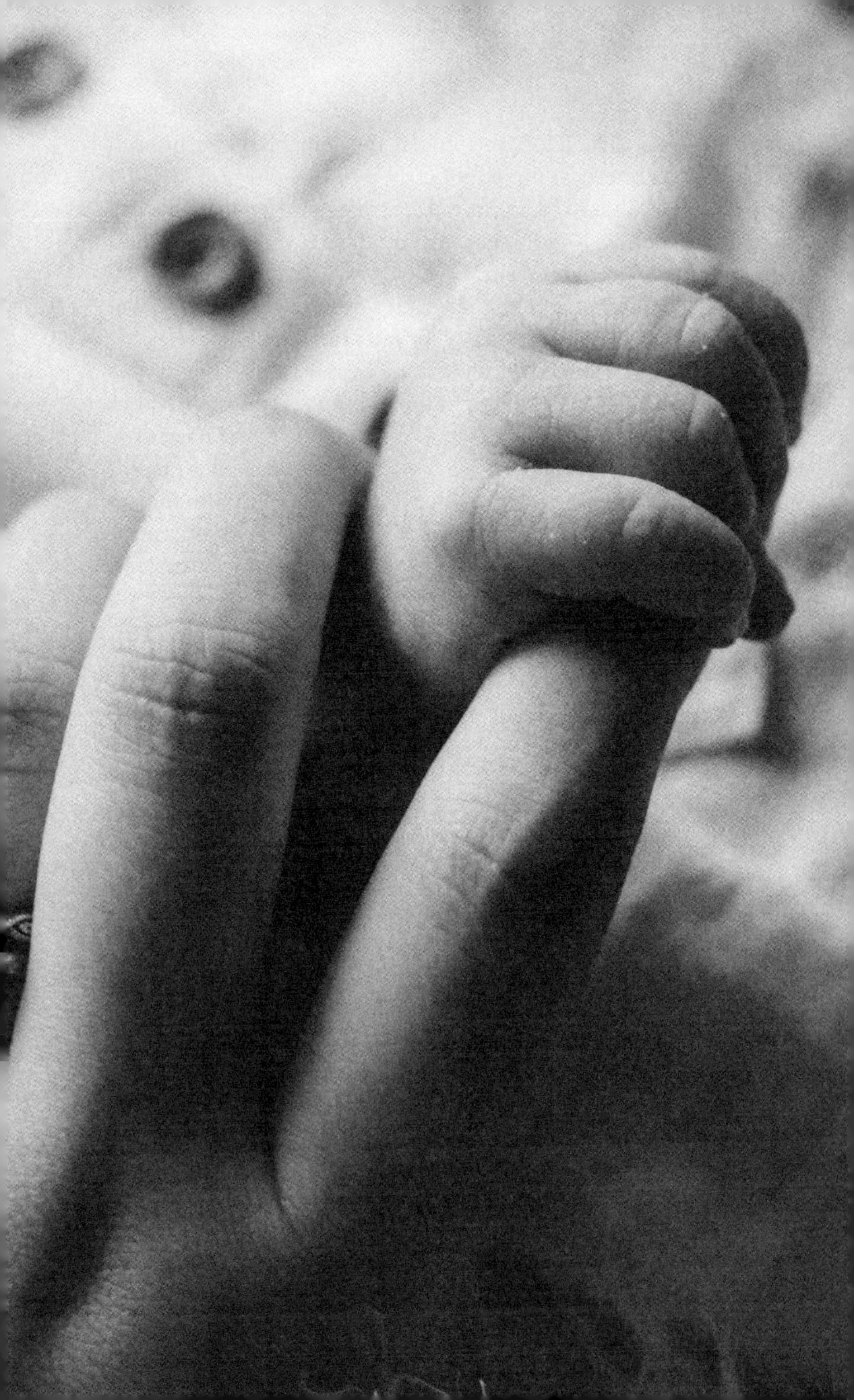

Du Wunderbare

So schön, dass du deine Zeit bis hierhin mit mir verbracht hast. Ich danke dir dafür. Ich hoffe, du bist genauso begeistert von unvergänglicher Schönheit wie ich. Ist es nicht total faszinierend und wundervoll, wie Gott uns Mamas sieht? Dass er uns so einen Wert gibt? Dass unsere Aufgabe als Mami so einen Wert für ihn hat und dass er so viel Schönheit in das Mama-Sein hineingelegt hat?

Ich wünsche dir von Herzen, dass diese Gedanken eine Inspiration für dich sein können. Dass sie dir helfen, mit dem Thema Schönheit besser umzugehen. Dass du mehr und mehr lernen kannst, dich und deinen Körper nach Schwangerschaft, Geburt und Stillzeit mit Gottes Augen zu sehen. Und dass dich diese Zeilen direkt in die Arme von Jesus schieben.

Denn dort ist dein Platz: ganz nah an seinem Herzen. Dadurch wirst du ihm immer ähnlicher und erstrahlst mit seiner Schönheit.

Schöner geht es nicht.

Ich würde gerne am Ende dieses Buches für dich beten:

Lieber himmlischer Vater,

ich danke dir von Herzen, dass du diese wundervolle Frau geschaffen hast. Du hast sie perfekt erdacht, geplant und gestaltet. Alles an ihr zeugt von deiner Künstlerhand. Sie ist ein Kunstwerk.

Ich bitte dich, dass du sie erkennen lässt, wie sehr du sie liebst. Dass du alles für sie gegeben hast. Lass sie zur Ruhe kommen in deiner Liebe.

Hilf ihr, ihre Sicherheit in dir zu finden und nicht in anderen Dingen, die ihr niemals das geben können, was du ihr gibst. Lass sie sehen, dass wahre Schönheit nur bei dir zu finden ist und dass du sie so gerne damit beschenken möchtest.

Hilf ihr, Vergebung zu leben und zu echter Zufriedenheit und Freude zu finden. Mach sie mutig, dir nachzufolgen, egal, wohin du sie führen möchtest.

Und hilf ihr, ihren Körper als ein wertvolles Geschenk von dir anzusehen. Ein Werkzeug, das du gebrauchen möchtest, um einen Unterschied in dieser Welt zu machen.

Lass sie all das, was sich an ihrem Körper durch Schwangerschaften, Geburt und Stillzeit verändert hat, als etwas ganz Wunderbares sehen. Wunderbar, weil du durch ihren Körper Wunder hervorgebracht hast: ihre Kinder.

Ich bitte dich, dass du sie, ihre Ehe, ihre Kinder und ihre ganze Familie segnest.

Ich bete diese Worte in Jesu Namen.

Amen.

Von Herzen alles Liebe

Deine Anne

PLATZ FÜR DEINE GEDANKEN

Quellenangaben

Zitat S. 58: **https://www.duden.de/rechtschreibung/lieblich**, abgerufen am 22.05.2024

Zitat, S. 70: Lewis Benedictus Smedes (1921-2002), Ethiker, Theologe und Autor christlicher Bücher

EBENFALLS BEI BRUNNEN ERSCHIENEN:

Anne Löwen

UNENDLICH WERTVOLL

Sofapausen für junge Mamas

Hier geht's mal nur um dich, liebe Mama! Dieses Buch erzählt davon, wie unendlich wertvoll du und dein Muttersein in Gottes Augen sind. Bei ihm darfst du dich fallen lassen, neue Kraft tanken und selbst wieder geliebte Tochter sein. – Ein wunderbares Geschenk an junge Mütter!

ISBN 978-3-7655-0969-8
208 Seiten, Flexcover

Anne Löwen

MINIMALISMUS MOM

Wie weniger deinen Familienalltag bereichert

Anne Löwen fühlte sich als junge Mutter von den Aufgaben und den vielen Dingen in ihrem Haushalt völlig überfordert.
Sie lernte den Lifestyle des Minimalismus kennen und begann, sich Stück für Stück von Dingen zu trennen. Mit jedem Karton fiel eine Last von ihr und ihrer Familie ab. In diesem Buch zeigt sie, warum Minimalismus biblischen Prinzipien entspricht und nicht nur Verzicht bedeutet, sondern ein Mehr an Zeit, Ruhe und Freiraum fürs Wesentliche.

ISBN 978-3-7655-2111-9
208 Seiten, Paperback, vierfarbig